古本易筋經十二勢導引法

科学普及版

传承 严蔚冰
演示 严石卿

中国科学技术出版社·北京·

图书在版编目（CIP）数据

古本易筋经十二势导引法 / 严蔚冰传承． —北京：中国科学技术出版社，2017.4
（2023.6重印）

ISBN 978-7-5046-7433-3

Ⅰ．①易… Ⅱ．①严… Ⅲ．①易筋经（古代体育）—基本知识 Ⅳ．①G852.6

中国版本图书馆CIP数据核字（2017）第056801号

策划编辑	王久红　焦健姿
责任编辑	王久红　黄维佳
装帧设计	华图文轩
责任校对	龚利霞
责任印制	徐　飞

出　　版	中国科学技术出版社
发　　行	中国科学技术出版社有限公司发行部
地　　址	北京市海淀区中关村南大街 16 号
邮　　编	100081
发行电话	010-62173865
传　　真	010-62179148
网　　址	http://www.cspbooks.com.cn

开　　本	850mm×1168mm　1/24
字　　数	61 千字
印　　张	6
版　　次	2017 年 4 月第 1 版
印　　次	2023 年 6 月第 5 次印刷
印　　刷	北京盛通印刷股份有限公司
书　　号	ISBN 978-7-5046-7433-3/G・745
定　　价	36.00 元（赠挂图，扫二维码听练习口令）

（凡购买本社图书，如有缺页、倒页、脱页者，本社发行部负责调换）

序 一

中医药学以东方传统文化为底蕴，有着完善的理论体系，强调自身与外界相应，中医学典籍中将其概括为"身心合一，天人合一"，即人与社会、自然环境的和谐统一。这正符合世界卫生组织提出的"生理、心理、社会适应力和道德"四者合一的健康概念。

导引学是中医学的重要组成部分，早在《素问·异法方宜论篇第十二》中即已介绍"针、砭、灸、毒药、导引"五种中医学历史最悠久的医疗技术。易筋经十二势的特点是分筋导引。人体十二经筋与十二经脉相应，十二经脉又与十二时辰相合，具体体现了"天人合一"的整体观。

根据中医学理论，健康的人（个体）是处于"阴平阳秘，精神乃治""正气存内，邪不可干"的状态。《易筋经·内壮论》强调通过导引，"易筋以坚其体，壮内以助其外"，从而达到"正气存内，邪不可干"的目的。

近年来，随着西方医学界对医学目的、医学模式进行反思，传统中医文化中"身心调整、内外环境相互作用"的理念备受重视。这意味着，当今世界可能出现一个中医药学理念和思维方式"东学西渐"的潮流。

上海是近代史上最早接受科学思想的地方，上海的科技工作者有着"勇于创新、追求卓越"的传统。在当今社会，如何做好中医药文化的科普工作，使现代人，尤其没有医学专业背景的广大群众对中医药文化有比较准确的了解和认知，是一项十分重要的任务。这就要求我们的中医药文化学者和科技工作者，在日常研究、普及工作中能运用科学的教学方法和准确平实的语言。在这方面，本书作者进行了有益的尝试。

本书着重告诉了读者三个问题：第一，什么是古本易筋经十二势导引法；第二，易筋经十二势导引法与健康有什么关系；第三，在日常生活中如何学习和应用这套导引法。为了兼顾实用性和易读性，作者还根据自身教学经验，将学员们关心的问题，以问答的形式分类归纳、答疑解惑；并将近年来的一些研究、科普活动以图文并茂的形式附于正文之后，使读者深切地感受到古老的中医药文化能学易用，就在我们身边。以上种种，使全书内容生动翔实，堪称一部科学、实用的中医药学科普作品。

最后想附带提一点，在中医药"治未病"疗效的评价上，符合循证医学的科学方法和技术体系的发展和应用还显不足。常常可以听到这样的说法："某种方法治好了某某人"，但光有这些病例还是不够的，还应该有一个比较严格的样本数据作为基础，进行统计和分析，这样会更有利于中医药的深入研究和发展。希望伴随着本书的出版发行，以及中医导引学研究、普及工作的开展，共同为中医药学的传承、普及、应用与发展积累更多的经验。

中国科学院院士
上海中医药大学校长
上海市科学技术协会主席   陈凯先
中科院上海生命科学院党委书记

壬辰年 壬寅月

序 二

  中国古代的文化，未必皆宝典。但越千年传承，而应用至今者，必是精华。千年的扬弃沉淀，使精华越加亮艳，内容更加丰富。在经年的发展过程中，她凝聚着无数古人、今人的智慧和心血，弥足珍贵。

  易筋经是中国传统的养生功法，据文献记述，有上千年的历史。在不同年代、不同区域，易筋经十二势动作、要领、姿势名称，大同小异。但在习练、传承过程中，融入了各位宗师的个人经验和体会，然后总结心得，著书立说，形成了不同的版本。后人整理时，必搜寻古本、善本作为研究的基础。严蔚冰先生推广的"古本易筋经十二势导引法"，是依循明末清初"衙门藏版"的古本图谱，综合《达摩易筋经》《达摩洗髓经》的方法，在上海地区流传也有百年之久。2009年，被上海市政府批准为上海市非物质文化遗产。2014年，又被中华人民共和国国务院批准为第四批国家级非物质文化遗产代表项目。

  研究中国古代文化，以"文献"为重。文者文字，献者贤人。文字（包括图片）是静止的记录；而代代相传的贤达之士，则是活的文化。如果说，作为非物质文化遗产的"古本易筋经十二势导引法"是静止的文化遗产的话；那么，严蔚冰先生及其带领的团队，就是易筋经十二势的现实传承、鲜活的文化。严蔚冰先生自幼习武术，精于导引。他遍访名师，寻友切磋，剔杂存珠，不仅忠实地复生了千年古导引术"易筋经"，而且与当代医学专家结合，一起攻治顽疾。如帕金森病的导引康复法（见《帕金森病导引康复法（图解）》一书，2013年由人民军医出版社出版），已成为帕金森病患者有效的康复方法。

　　我由于执业的工作性质，对"易筋经"素予关注。虽不精，但时习；虽无名，但勤究。在研究项目中，我与同事们观察到，"易筋经"对减缓骨骼肌增龄性萎缩，能产生积极的作用，并可促进骨骼肌Ⅰ型肌纤维的功能。因此，我感到严蔚冰先生大力推广"易筋经"，不仅继承、发扬了非物质文化遗产，而且对一些难治性的慢性病和老年病的预防、治疗，亦甚有益。

　　应严蔚冰先生之嘱为本书作序，我深感不安。我们曾在上海某社区推广过"易筋经"锻炼，出现万人练"易筋经"的热烈场面。但我们此次的工作，尚属于初探，深度和持久性远逊于严蔚冰先生的业绩。为此，奉上数言，以抒我对严蔚冰先生的敬佩之情。

上海市中医药研究院推拿研究所　所长
上海中医药大学康复医学院　名誉院长

严隽陶

2015年5月

传承与心得

古本易筋经十二势传承至今已近1500年历史,在沪地传承亦逾百年。自2009年被上海市政府批准为上海市非物质文化遗产后,得益于政府部门的支持和扶助,市民学习热情高涨,我们也加大了在文化研究与传承教学方面的工作力度。

中华文化之所重者,一曰"传承",一曰"实证"。所谓传承即历代前辈的切身体悟,经代代相传,终以经典流于后世。所谓实证即吾等若有缘得传承、习经典,当以此传承之法践行不辍,日久年深必能有所体悟。

余自幼喜爱国术,及长又习导引。数十年来,寻师访友,践行不辍,虽天资愚钝,术业未精,然亦小有心得。本当精进所学,以免见笑于大方之家。唯思导引之法,源于古中医五术,流传至今,惠人甚广。又因其法,古朴精简,堪为当世所用,值此中华文明复兴繁荣之际,若能为世人所用,亦为善事。余常怀惴惴之心,倾心致力,将心得体悟,拟为文字,与君分享,权当抛砖引玉,若有不尽之处,敬请大家指正。

传承教学不同于社会教学,有更多的机会与学员沟通,能及时获知学员们对学习内容的反馈意见。我们在教学中,经常会收集到学员们两种截然不同的信息反馈。一种认为"这很简单啊,十几势动作挺好学的"。另一种则认为"看上去简单,但想真正精通还是挺难的"。应该说这两种说法都有一定的道理。他们一个关注于外在的动作，另一个则看到了内在的变化。那么易筋经十二势导引法到底难不难学，如何来学。这里借用古人的三句话作答。

凡人皆应习之：《易筋经·后跋》中载道："此法（易筋经十二势导引法）凡人皆应习之。"我们知道易筋经十二势导引法针对性锻炼的是我们人体的十二条经筋，而经筋与我们的健康密切相关，因此凡人皆应习之。

举足低且慢：《洗髓经·行住立坐卧睡篇第五》中载有"举足低且慢，踏实方可进"。"举足"者谓修行之次第，"低且慢"指应循序渐进，不可贪急求快。

踏实方可进："踏实方可进"意思是学习须结合实证，待有根基后方能进阶有基。因此习练易筋经十二势导引法是一个循序渐进的过程，切忌贪急求快，更不能凭空想象，随心所欲。

至于学员所提之"简单"，正是易筋经十二势导引法之精华所在。古语云"大道至精至简"。所谓"精"即精要，这就需要我们熟读经典，踏实践行，如此年深日久方能积少成多，逐渐体悟其中根本，尔后方能谈及精要。所谓"简"即简便易行，就是既要能让学习者理解接受，又要适应当代人的生活节奏，如此人们才会去学习、使用乃至传承。

在中华文明的传承中，诸多经典能历经数百、上千年而历久弥新，其根本也正在于其始终符合人们的生命和生活规律。

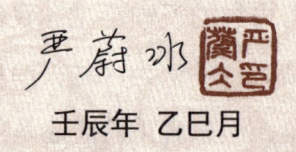

严蔚冰

壬辰年 乙巳月

目　　录

古本图谱（衙门藏版）·· 005

释疑解惑 ··· 019

　　易筋经是神秘的内功吗 ·· 020
　　古本易筋经十二势导引法与《易筋经》是什么关系 ·············· 020
　　易筋经导引方法为什么是十二势 ···································· 021
　　古本易筋经十二势导引法为什么还有预备势 ······················ 021
　　古本易筋经十二势导引法的中医学依据是什么 ···················· 021
　　古本易筋经十二势导引法的养生原理是什么 ······················ 022
　　练习古本易筋经十二势导引法对健康有哪些好处 ·················· 022
　　古本易筋经十二势导引法主要是锻炼身体的哪些经筋和经脉 ······ 023
　　经筋与健康有怎样的联系 ··· 037
　　如何理解动作要领——伸筋拔骨 ··································· 038
　　十二经筋与十二经脉有什么关联 ···································· 039
　　古本易筋经十二势导引法对锻炼场地和时间有要求吗 ············· 040
　　练习古本易筋经十二势导引法为什么要扎腰带 ···················· 040

古本易筋经十二势导引法的易筋要诀是什么……………………041

练习古本易筋经十二势导引法饮食上要注意什么………………042

练习古本易筋经十二势导引法有哪些禁忌…………………………042

年老体弱者能否练习古本易筋经十二势导引法……………………043

古本易筋经十二势导引前的准备与热身……………………………043

易筋经收势与拍打法…………………………………………………044

对初学者的几点建议…………………………………………………046

习练心得……………………………………………………………047

学员习练心得…………………………………………………………048

太极拳教师习练心得…………………………………………………049

抑郁症病友练习体会…………………………………………………050

传承、保护与科普…………………………………………………053

国家级非物质文化遗产——古本易筋经十二势导引法……………054

上海中医药大学首开《中医导引学》课程…………………………054

非物质文化遗产进校园………………………………………………055

非物质文化遗产进机关、企业………………………………………056

走向国际的易筋经十二势导引法……………………………………056

儿童及青少年智力残障导引康复干预………………………………057

帕金森病导引康复干预………………………………………………057

中医导引在慢性疲劳综合征中的应用……………………058

分解演示 ………………………………………………**059**

　　预备势………………………………………………060
　　韦驮献杵第一势……………………………………066
　　韦驮献杵第二势……………………………………070
　　摘星换斗势…………………………………………073
　　出爪亮翅势…………………………………………078
　　倒拽九牛尾势………………………………………082
　　九鬼拔马刀势………………………………………085
　　三盘落地势…………………………………………092
　　青龙探爪势…………………………………………097
　　卧虎扑食势…………………………………………102
　　打躬势………………………………………………108
　　工尾势………………………………………………113
　　收势…………………………………………………119

后记 ……………………………………………………**127**

缘 起

一、中医导引学与治未病

《素问·异法方宜论篇第十二》记载着中医五大技术体系：针、灸、砭、药、导引。

针、灸、砭、药四法为外援法，由外而内。唯独导引是自主的内援法，由内而外。

"治未病"是我国中医药文化与哲学思想精髓之所在，其核心内容包括"未病先防、已病防变、已变防渐"。中医导引学通过调身、调欲、调心，以达"正气存内，邪不可干"之目的。千百年来，导引法都是中医"治未病"的主要手段，也多与其他治疗方法配合，起到里应外合、事半功倍之效。

现存最早的导引学史料是战国时期的《行气玉佩铭》。近代在湖南长沙马王堆汉墓出土的《导引图》有44个导引势，在湖北江陵张家山汉墓出土的112支竹简《引书》是比较完整的导引术专著。隋代太医博士巢元方奉诏所撰《诸病源候论》是中国最早论述病因和证候的专著。该书总结前人经验，对内科、外科、妇科、儿科、五官科、骨伤科等诸多病证系统分类，载列证候1739条。书中不录药方，诸证之末附各种养生导引方多达289条。著名道医学家孙思邈和葛洪都在其著作中收录大量关于导引学案例。至明代，养生学家高濂在其所著《遵生八笺》中，将中医导引学与中国传统养生学理念加以融合，使之成为一部内容广博、易学实用的中医药养生学科普著作。1895年英国传教士J. Dudgeon将此书节译成英文，在国外广为流传。

二、易筋经十二势的缘起与传承

易筋经十二势相传源自南北朝时期菩提达摩，最早用于修身养性，后逐渐与中医导引学融合，形成了以修行人和医家为主的传承脉络。

修行人将其作为修行的助道品和方便法门，其传承抄本中多佛、道之名相术语。

医家偏重于对十二经筋的研究和应用，不但将其作为独立的导引方法，还被广泛应用到针灸、推拿、正骨等领域。其传承抄本中多内壮药方和舒筋活络方。

此外，还有诸多增演版本，或将各种锻炼技法加入并细化，以丰富其形式，或节选部分内容，以侧重某方面应用。但究其本源仍是与十二经筋相应的十二势导引法。

近代上海，通过五代传承人的努力，易筋经十二势导引法从最初应用于骨伤疗法和推拿功法，到如今还应用于"治未病"健康科普、慢性病导引康复干预等，走出了一条兼容并包、与时俱进的传承发展道路。

三、非物质文化遗产——古本易筋经十二势导引法

古本易筋经十二势导引法是中医导引学经典。以《易经》为哲学基础，《黄帝内经·素问》《黄帝内经·灵枢》为理论指导，通过伸筋拔骨、吐故纳新、守中致和，达到强筋壮骨、固摄精气、濡养脏腑、涵养心性的效果。

2014年11月11日，中华人民共和国国务院公布了第四批国家级非物质文化遗产代表性项目名录，由上海传承中医导引学研究所申报的"古本易筋经十二势导

引法"被列在中医药中医诊疗法（IX-2），成为中国首个中医导引学的非物质文化遗产代表性项目。

四、古本易筋经十二势导引法的养生原理和健身功效

"古本易筋经十二势导引法"以分筋疏导作为入门的抓手，将人体主要的十二条经筋作为疏导和锻炼的目标，使筋弱者变强壮，筋弛者变刚劲，使诸经筋和合而获得健康。如能每天坚持易筋经十二势的疏导，身、心和呼吸逐渐平和，再配合辅助技法，必将收到舒筋活络、滋养脏腑的效果，非常适用于现代快节奏学习工作状态下的亚健康人群，真正起到"治未病"的作用。

"古本易筋经十二势导引法"除调节自身、防治未病外，还可应用于慢性病康复领域。慢性病患者由于自身正气亏虚，由劳损或感受外邪而致气滞血瘀、经脉闭阻，影响脏腑功能而患病。"古本易筋经十二势导引法"特别强调通过对人体经筋的调摄，由经筋影响经络、脏腑，从而逐渐恢复和提高人体的自组织能力和自康复能力。因此导引是巩固疗效、减缓甚至消除不良症状及改善身心健康状态的重要手段。

五、中医非物质文化遗产的传承与保护

中国医史文献研究所所长、国家非物质文化遗产保护工作专家委员会委员柳长华教授指出，民间传承着诸多中医非物质文化遗产，有着丰富的文化生命力和社会影响力。随着社会形态的变化，一些项目不可避免地步入后继乏力的尴尬瓶颈，需要制订系统的评估体系，构建专业的推广、应用平台，帮助它们传承和发展。

2015年6月，由上海市卫生和计划生育委员会和上海市中医药发展办公室直

接领导，上海中医药大学附属曙光医院具体管理的上海市民间中医特色诊疗技术评价中心召开专家指导委员会成立大会。包括上海传承导引医学研究所严蔚冰所长在内的24位专家、学者将针对民间中医特色诊疗技术设定评价标准，提出民间技术的筛选评价路径、方案，指导建立民间技术研究平台和相关人员的管理平台。

近年来，全国各地都在开展"非物质文化遗产进校园"活动。但由于绝大多数学校只将其作为兴趣课程开展，因此真正的效果并不明显。

传统医药类非物质文化遗产课程有着自然科学和非物质文化遗产双重属性，对现代社会的健康发展有着积极的现实意义和实用价值。它有别于其他类别非物质文化遗产，更需要在专业院校和临床机构开展教学和传承。

我们在日常工作中，切实感受到传统医药类非物质文化遗产传承、保护需要政府相关职能部门的支持和引导，更需要社会力量与专业中医院校协力合作。如此才能使得传统医药类非物质文化遗产真正得以传承和弘扬，并逐渐成为连接民间中医与专业学院、临床机构的桥梁。

上海传承导引医学研究所 严石卿
乙未夏日

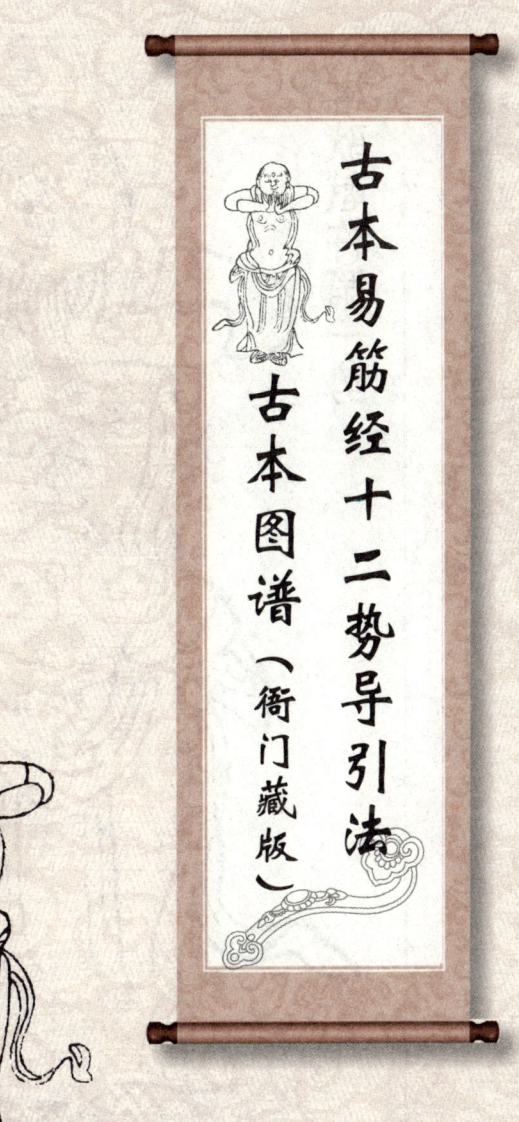

古本易筋经十二势导引法
古本图谱（衙门藏版）

韦驮献杵第一势

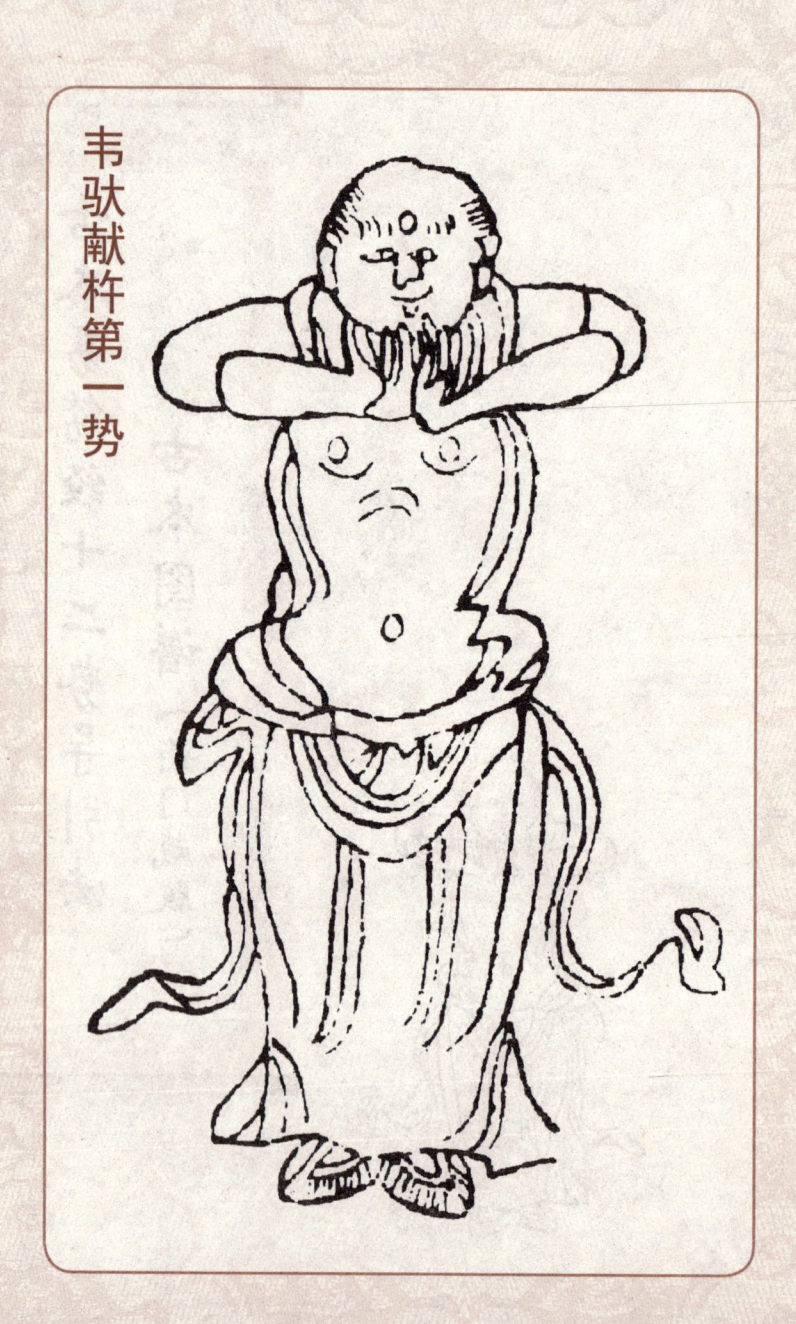

诀曰：定心息气，身体立定，两手如拱，心存静极。

韦驮献杵第二势

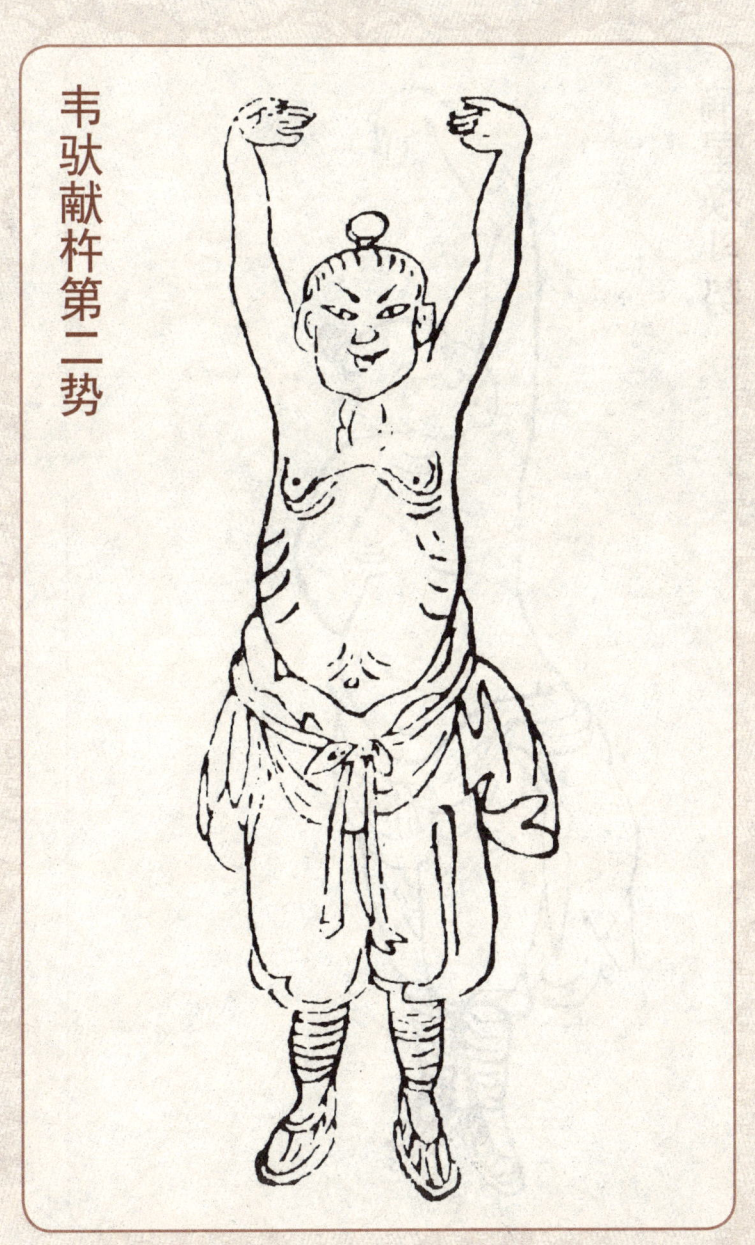

诀曰：托掌献杵，咬牙舌抵，身如素龠，调理三焦。

注：原版口诀已佚，现根据传承体悟，补充如上，供读者参考琢磨

摘星换斗势

诀曰：单手高举，掌须下覆，目注双掌，吸气不呼，鼻息调匀，用力收回，左右同之。

出爪亮翅势

诀曰：掌向上分，足趾挂地，两胁用力，并脚立膀，鼻息调匀，目观天门，牙咬，舌抵上腭，十指用力，腿直，两拳收回，如挟物然。

倒拽九牛尾势

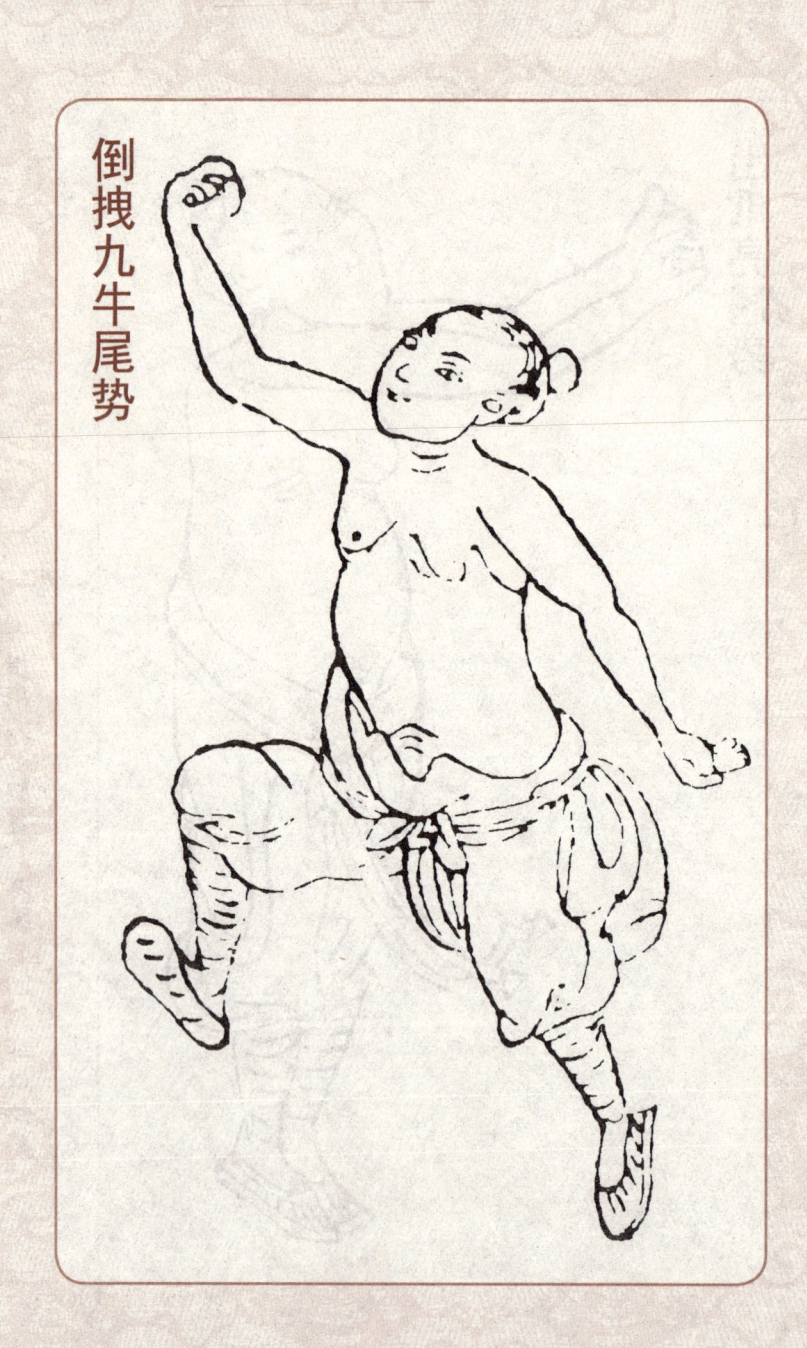

诀曰：小腹运气空松，前跪，后腿伸直，二目观拳，两膀用力。

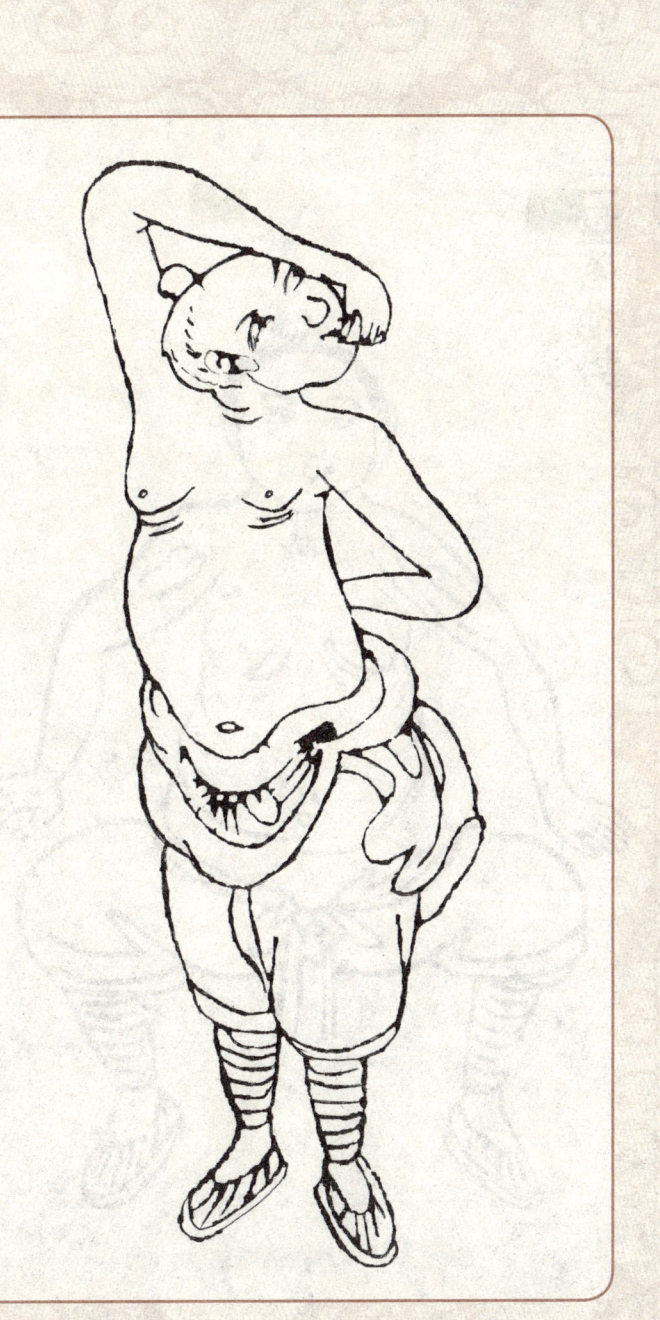

九鬼拔马刀势

古本 易筋经 十二势导引法

011

诀曰：单胯用力，夹抱颈项，自头收回，鼻息调匀，两膝直立，左右同之。

三盘落地势

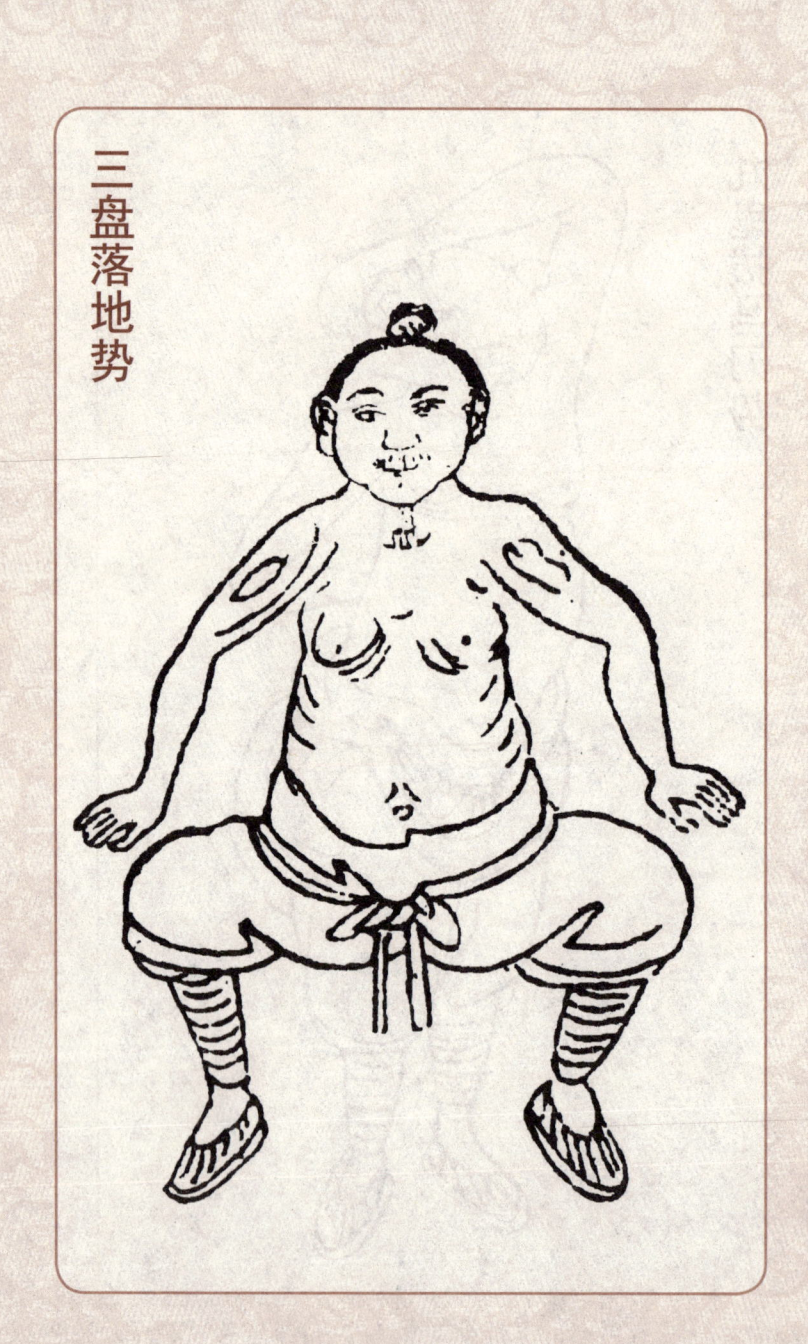

诀曰：目注牙呲，舌抵上腭，睛瞪口裂，两腿分跪，两手用力抓地，反掌托起，如托紫金，两腿收直。

青龙探爪势

诀曰：肩背用力，平掌探出，至地围收，两目注平。

卧虎扑食势

诀曰：膀背十指用力，两足蹲开，前跪后直，十指挂地，腰平头仰，胸向前探，鼻息调匀，左右同之。

打躬势

诀曰：两肘用力，夹抱后脑，头前用力探出，牙咬，舌抵上腭，躬身低头至腿，两耳掩紧，鼻息调匀。

工尾势

诀曰： 膝直膀伸，躬鞠，两手交，推至地，头昂目注，鼻息调匀，徐徐收入，脚跟顿地，二十一次。

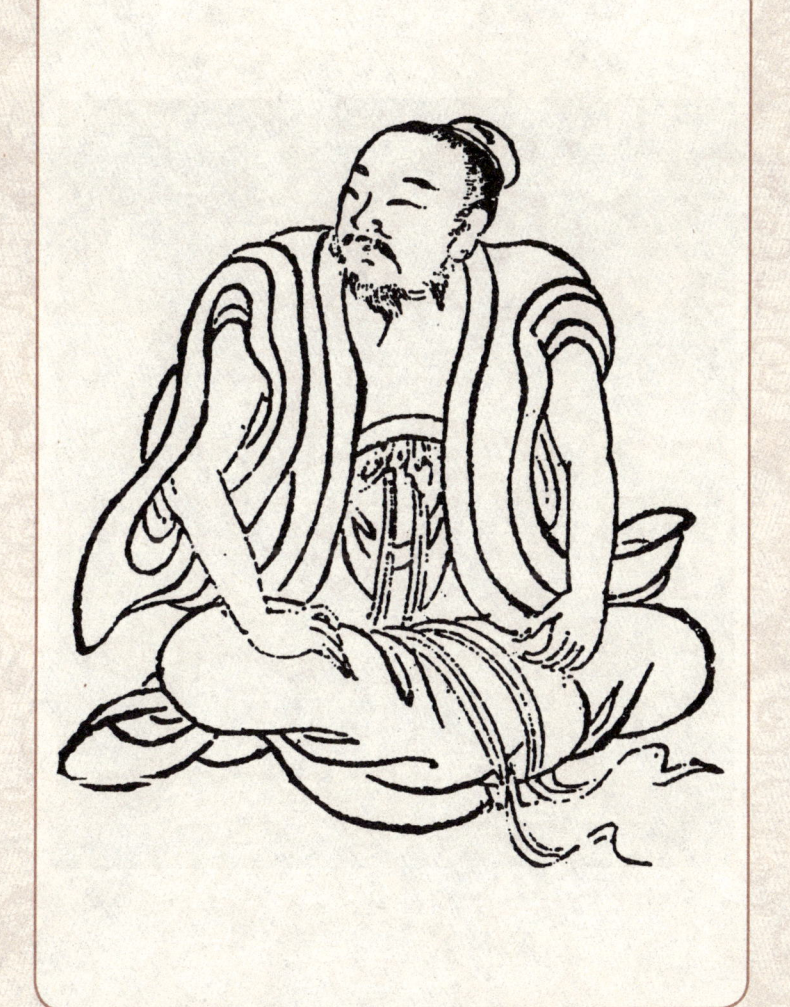

收势

诀曰：左右胯伸七次。盘膝静坐，口心相注，闭目调息，定静后起。

古本易筋经十二势导引法

017

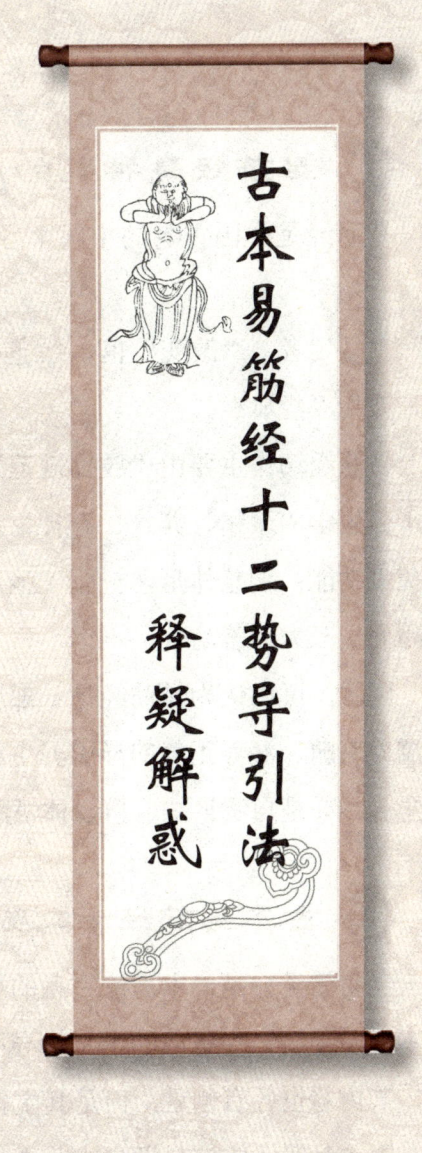

古本易筋经十二势导引法

释疑解惑

易筋经是神秘的内功吗

易筋经是中国古老的中医学导引养生法之一，传承至今已有近1500年的历史。

"易"者，"改变"也。"筋"者，"经筋"。"经"者，通"径"，方法也，亦指"经典"。

易筋经动作主要由"肢体规范"和"仿生运动"二大部分组成，其修身机制源于养生学"聚精、养气、存神"三要素。具有"调整呼吸，提高人体代谢功能和免疫功能；调整体形，一张一弛，消除人体生理障碍；调整意念，消除人体心理障碍"三大显著功效。

因此，可以认为易筋经是一部通过针对性疏导经筋，促使气血循行畅达，从而濡养脏腑、涵养正气的导引养生经典。其十二势导引法动作古朴精简，人人皆可学会，亦是自我认知、自我体悟的方便法门。

古本易筋经十二势导引法与《易筋经》是什么关系

《易筋经》是一本理法完备的导引养生书，而古本易筋经十二势则是古代官刻本《易筋经》中记载的十二势导引法。《易筋经》有很多版本，由于传承的不同，其内容也各有侧重，但是其主旨"和而不同"。

古本易筋经十二势源自古代衙门藏版，其易筋导引动作古朴、精炼，其核心技法保持了古本之本真性，从非物质文化遗产保护的角度来看有着完整的文化内涵，有独创的理论、技法和辅助方法，是一部完备的导引养生经典。

易筋经导引方法为什么是十二势

中医养生学的精髓即"生命整体观"，作为古老的中医导引养生学经典易筋经更是充分体现了这一点。中医学认为，一天十二个时辰人体气血将循身体十二条经脉运行，十二经筋得以濡养，十二经筋舒畅则身体内强外壮。通过锻炼"易筋经十二势"有助于我们疏通自身的十二条经筋，从而收到内强外壮的效果。

古本易筋经十二势导引法为什么还有预备势

流行的《易筋经》只有十二势动作，本书中预备势则是中国非物质文化遗产——古本易筋经十二势导引法代表性传人严蔚冰先生依传承所得。

预备势具有牵伸全身筋骨之功效，舒筋活血作用特别明显，也有排浊留清和放松的效果，在练习易筋经十二势以前，先锻炼此势有事半功倍的效果。另外，此势单独练习有热身的效果，亦可作为其他运动的热身法。

古本易筋经十二势导引法的中医学依据是什么

《易筋经·总论》认为：人的日常行为和身心健康都与人体的经筋息息相关。曰："筋弛则病，筋挛则瘦，筋靡则痿，筋弱则懈，筋缩则亡，筋壮则强，筋舒则长，筋劲则刚，筋和则康。"因此，古本易筋经十二势就是以疏导人体的经筋为抓手，使肢体舒展柔和，脏腑气血调和，人体重心下降，头脑清醒，精力充沛，从而提高自身免疫功能。这也是《易筋经》中特有的易筋理论，筋经出自《灵枢经》，《拳经》中亦称筋脉。

古本易筋经十二势导引法的养生原理是什么

《易筋经·膜论》是《易筋经》的三论之一，《膜论》认为：人体内包着骨头衬着肉的这层骨膜是导引的主要对象，导引动作的伸筋拔骨，其实就是通过导引经筋的同时刺激骨膜，当筋骨不断重复得到锻炼后，筋骨就会强壮。现代运动生理学研究也表明：骨膜确实对运动系统康复起着重要作用。

练习古本易筋经十二势导引法对健康有哪些好处

古本易筋经十二势将人体生命的基本形态"升、降、出、入"贯穿始终，通过分筋逐步导引来调节人体十二经筋，上举、下蹲、伸展、开合、屈伸呼吸，其基本作用是通过伸筋拔骨、吐故纳新，以达到舒筋活络的功效。

"伸筋拔骨"可使肌肉、骨骼、关节、经筋在松紧交替的导引中得到有意识的拉抻、收缩，缓解和调节经筋和神经，同时也会刺激到骨膜，有强筋壮骨之功能。

"屈伸呼吸"是排浊留清的过程，通过此法迅速将体内废气排出，同时吸入新鲜的空气。如此则气血和畅，精力充沛，对环境的适应力增强。

古本易筋经十二势导引法主要是锻炼身体的哪些经筋和经脉

（1）预备势

预备势，又名热身法，为传承所特有，整个导引形体与吐纳的过程，充分体现了"升降出入"的生命特征，其作用是疏导任脉和督脉，任督两脉是人体最为重要的脉，任脉，从舌尖到会阴穴，任一身之阴。督脉从会阴向后上贯穿整个脊椎一直到头顶百会再下行至上腭，督一身之阳。

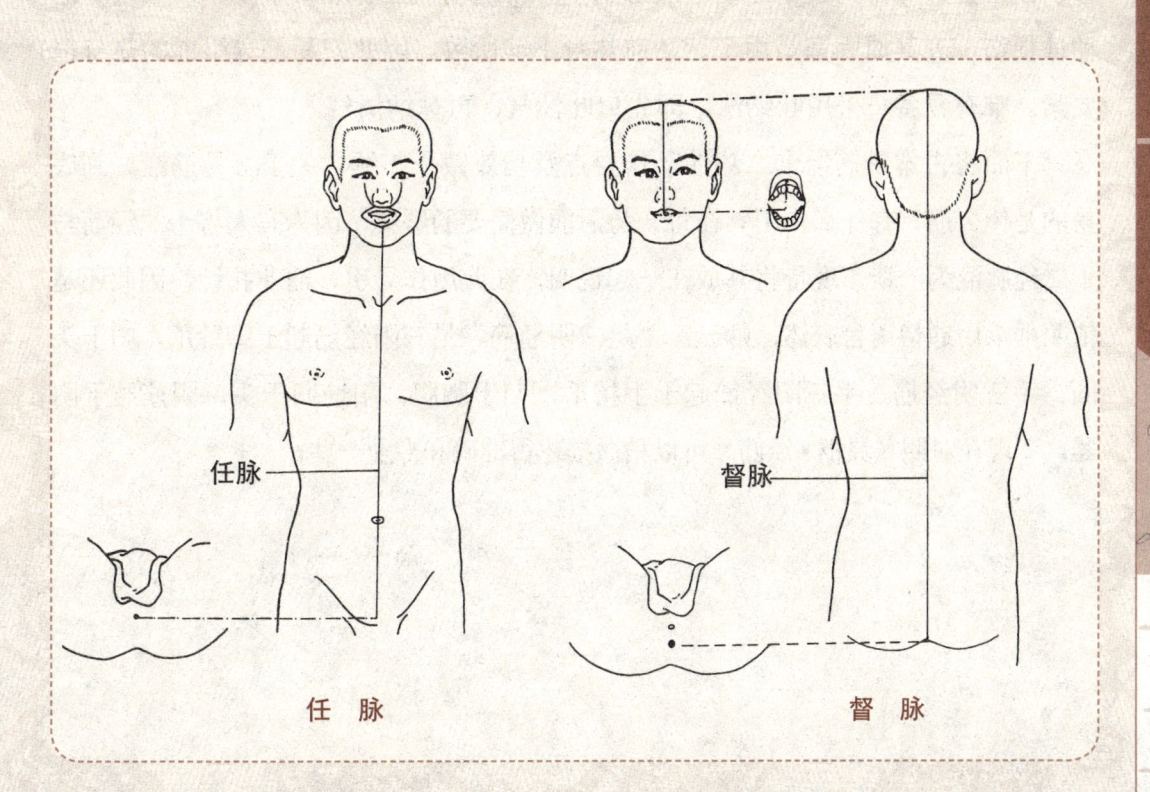

任脉

督脉

任脉

督脉

预备势导引动作的目的是放松全身所有筋骨，使筋归槽，骨对缝，使阳气上升，起到热身作用。导引动作由紧张转变成放松，即通过收缩、弯曲和轻微的反关节运动来达到伸筋拔骨的效果。

整个易筋导引过程是下蹲时低头，将腰背部收紧，同时以吐气为主（吐完可以换气）。向上伸展时注意两手十指交叉，抬头、挺胸、挺腹、挺小腹、挺腹股沟时，以纳气为主（纳透后可以换气）。放松时依次放松肩、肘、腕、手指和脊柱下肢关节，体会松静站立的感觉，使人体阴气下降，同时还可以激荡人体的淋巴液。

预备势亦可作为其他运动之热身用，但凡运动，热身非常重要，现在很多运动性损伤，究其原因都是由于运动前热身不够所致，因此，易筋导引前的热身很要紧。唯有预备势采用吐纳法，即先口吐浊气，再鼻纳清气。

下面将古本易筋经十二势的动作要点及功效做个归纳，关于《易筋经》到底易的是什么筋？有什么作用？在每一势后面做简要的解释，因为有人将十二经筋与十二经脉混为一谈，现特将其放在一起说明，在此用作导引，而非扎针，因此还是依照师承用通俗语言表述，师云："足三阴经筋、足三阳经筋起于脚趾爪，归于头面。手三阴经筋、手三阳经筋起于手指爪，归于胸腹，阳筋归于头，阴筋结于阴器。"现在对照《灵枢·经筋》可以稍微描述得准确和专业一些。

（2）韦驮献杵第一势

韦驮献杵第一势疏导手太阴经筋，与此经筋相应的是手太阴肺经。导引养生非常重视肺经。经云：肺朝百脉，主呼吸。手太阴经筋起于手拇指上经腕、肘、上臂内侧到胸部。对两手支撑不能用劲，拘紧掣痛，胁肋拘急等，导引献杵势有缓急舒筋之功效。

韋馱獻杵第一勢
手太陰經筋

（3）韦驮献杵第二势

韦驮献杵第二势疏导手少阳经筋，与此经筋相应的是手少阳三焦经。手少阳经筋起于手小指、环（无名）指，导引养生诀曰："两手托天理三焦。"经常导引三焦经可以及时消除疲劳，也可以提高上、中、下三焦气化功能，经云：上焦如雾，中焦如沤，下焦如渎。亦可破散脏腑之积聚，防病于未然。

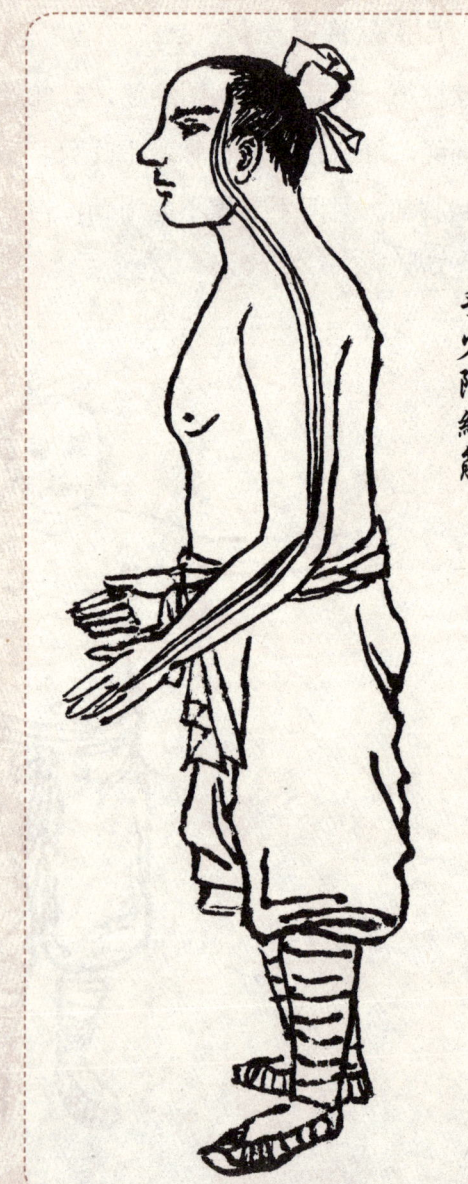

韋馱獻杵第二勢

手少陽經筋

（4）摘星换斗势

摘星换斗势疏导手少阴经筋，与此经筋相应的是手少阴心经。手少阴经筋起于手小指，经胸中入肚脐。导引此势可消心下之积病，亦可散腹腔之聚病。对痔病亦有效果，尤其肩、肘、腕、指关节的易筋效果特别明显，有很好的活络功能。

摘星换斗势　手少陰經筋

（5）出爪亮翅势

出爪亮翅势疏导手阳明经筋，与此经筋相应的是手阳明大肠经。大肠经与肺经互为表里关系，手阳明经筋起于拇指和示指，上行至头面。此导引势为典型的"鸟申"，仰头、挺胸、收腹、踮脚同时两臂如翅膀外展。对头面、颈项、肩背都有很好的调理作用。

出爪亮翅势

手陽明經筋

（6）倒拽九牛尾势

倒拽九牛尾势疏导足阳明经筋，与此经筋相应的是足阳明胃经。足阳明经筋起于足中三趾，结于膝。经云：膝为筋之府。易筋经十二势所用的是劲，而不是力，劲来源于筋，故名筋劲。常做此导引势可消除有气无力的生理现象，通过运用筋劲，使气与力合，同时还能提高胃的功能，防止胃肠道疾病的产生。

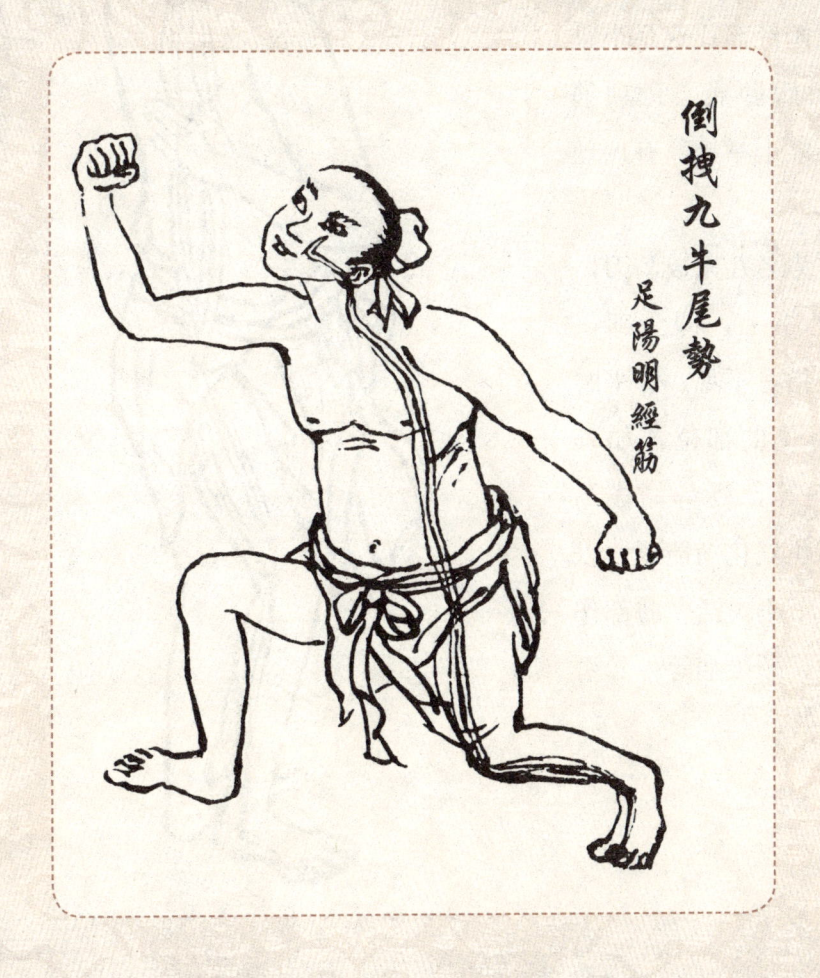

（7）九鬼拔马刀势

九鬼拔马刀势疏导足太阳经筋，与此经筋相应的是足太阳膀胱经。足太阳经筋起于足小趾，止于头面。导引足太阳经筋，对足小趾痛、足后跟肿痛、颈项筋急、臂不能上举等，有调理功效。

导引势名九鬼拔马刀，"九"是指上，即头部，"鬼"是指看不见，即平时人体看不见的部位，如耳后、腋下等，姿势如拔马刀。对下焦气化功能弱，以及下肢关节不灵活，胁部作痛，胸椎、颈椎痛等，导引有缓解功效。

九鬼拔馬刀勢

足太陽經筋

（8）三盘落地势

三盘落地势疏导手厥阴经筋，与此经筋相应的是手厥阴心包经。心包经与三焦经互为表里关系，此二经都是有名而无实际形态，但确实有其功能所在，手厥阴经筋起于中指，归于胸中，结于胃部。导引此势可缓解胸闷、胀痛等，对心胸乃至整个胸腹部都有保护作用。

三盤落地勢

手厥陰經筋

（9）青龙探爪势

青龙探爪势疏导足少阳经筋，与此经筋相应的是足少阳胆经。胆经从足小趾、次趾一直上行至头面。做青龙探爪导引时动作要缓慢，手要从头面处慢慢向下导引，牵动肩胛后垂直向下，再转身上引，对腰腿、肩背、颈项拘紧都有缓解功能，有利于全身气血运行。

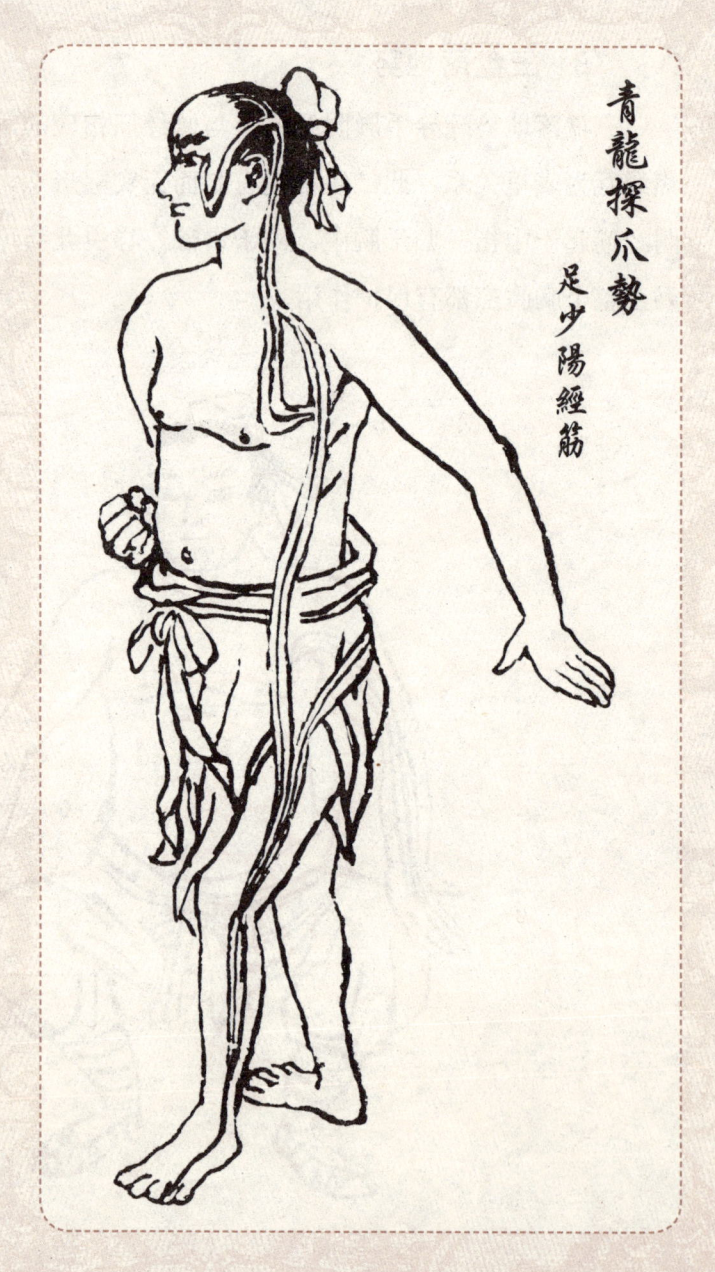

青龍探爪勢
足少陽經筋

（10）卧虎扑食势

　　卧虎扑食势疏导足厥阴经筋，与此经筋相应的是足厥阴肝经。肝经与胆经互为表里关系，足厥阴经筋起于足踇趾上，向上沿腿内侧结于阴器，导引势为"虎戏"，有壮阳之功效。遗精、阳痿、房事过多可练此势。

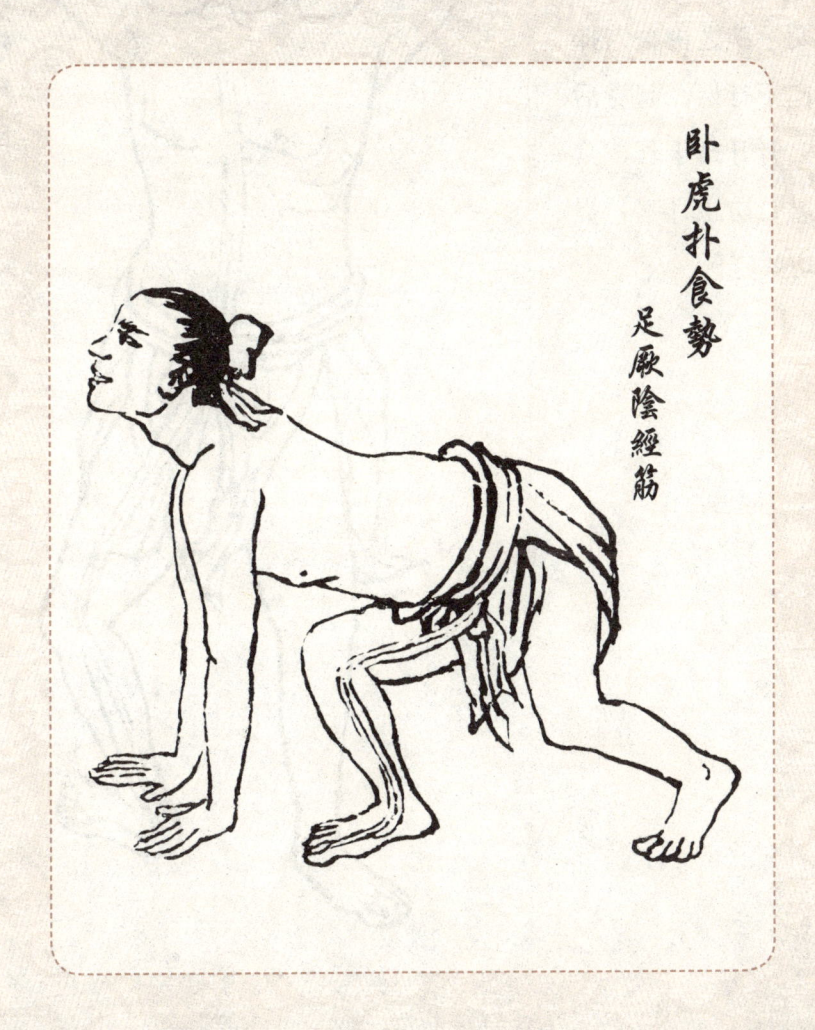

卧虎扑食势
足厥陰經筋

（11）打躬势

打躬势疏导足少阴经筋，与此经筋相应的是足少阴肾经。肾经与膀胱经互为表里，用两手腕之内关穴掩住两耳，向下打躬，起身后松开两手，肾开窍于耳，具有固肾壮腰、防止耳鸣、提高听觉的功效。

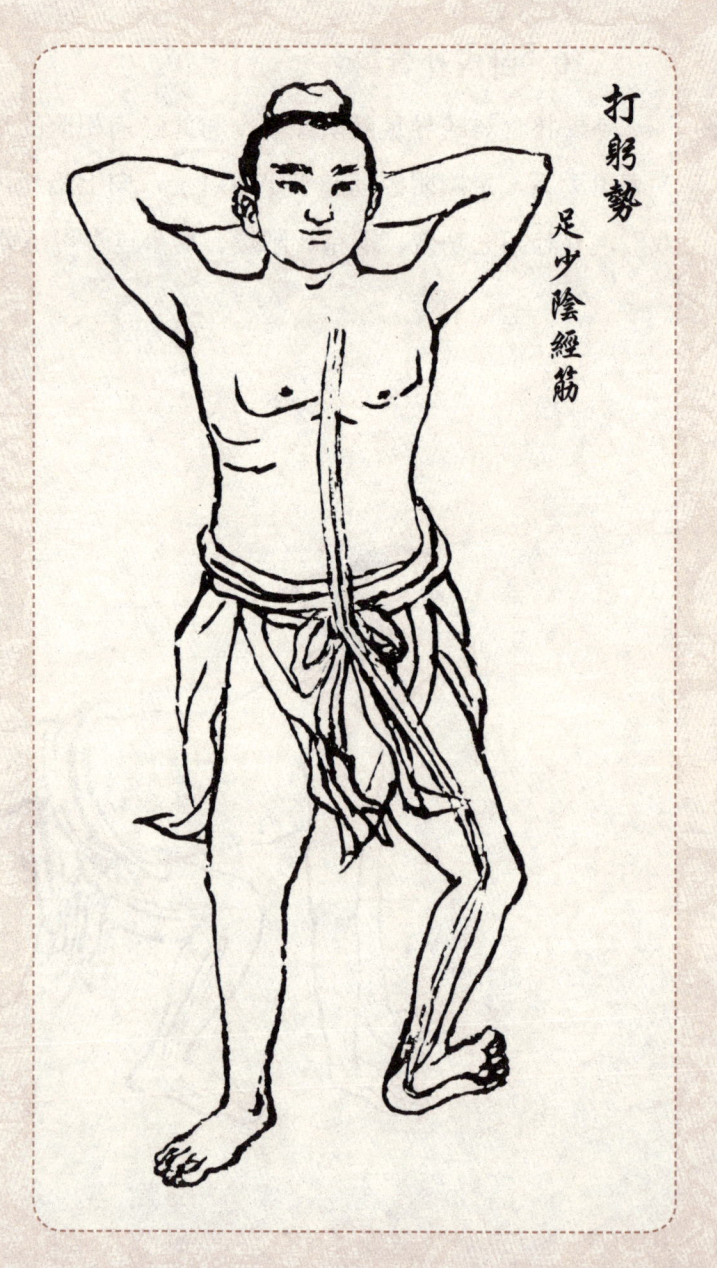

打躬势

足少陰經筋

（12）工尾势

工尾势又名掉尾势，是疏导手太阳经筋，与此经筋相应的是手太阳小肠经。小肠经与心经互为表里，手太阳经筋起于小指上，结于耳后完骨。十二势导引法，唯此势要求重复做3个7次。对耳鸣、耳痛、颈椎病、肩关节痛等都有调理功能。

工尾势 手太陽經筋

（13）收势

收势传承自国学大师南怀瑾先生，南师说："一套动作有预备势，必定有收势。"南师传收势为，左右单举7次，两手在体前合掌，搓掌，待掌心发热后，击掌7次，依次拍打左右手的内关穴、外关穴各7次，再用两手同时依次拍打环跳穴、足三里穴、三阴交穴各7次。

收势疏导足太阴经筋，与此经筋相应的是足太阴脾经。脾经与胃经互为表里，导引养生诀曰："调理脾胃须单举。"此导引势在饭前、饭后都可以做。脾胃是后天之本，常做左右单举有醒脾养胃之功效，可预防脾胃相关疾病。

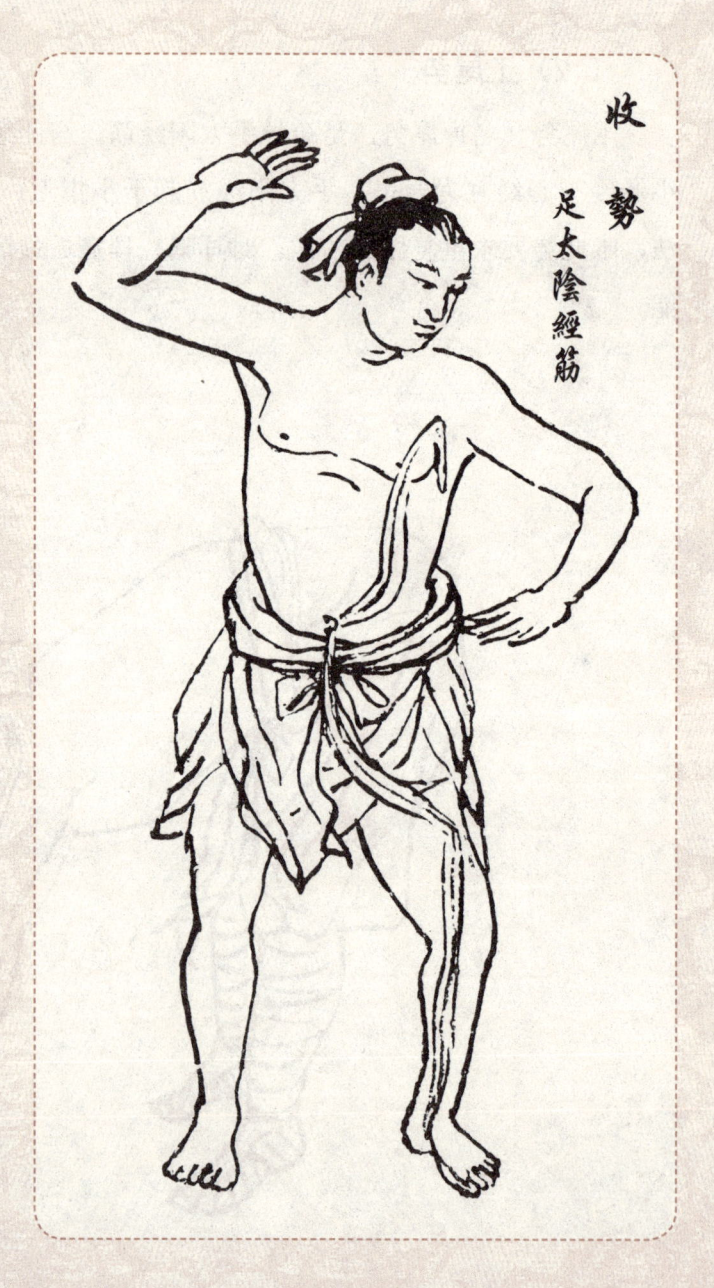

收 势
足太陰經筋

经筋与健康有怎样的联系

前几年有一本畅销书《筋长一寸寿长十年》，内容姑且不论，书名提法却不妥当。我们知道筋的长短与人的寿命是没有直接因果关系的（例如杂技柔术演员），而正常的经筋生理与健康却有着密切的联系。

《易筋经·总论》记载："筋弛则病，筋挛则瘦，筋靡则痿，筋弱则懈，筋缩则亡，筋壮则强，筋舒则长，筋劲则刚，筋和则康。"《易筋经·总论》认为，一个人的生长发育、瘦弱强壮、痿病健康等都和经筋有关联，而中医学"十二经筋"的生理和病理方面的记载也证实了易筋经十二势的实用性和科学性。

《灵枢经》中有关经筋的证候很有现实意义。譬如筋痿，经曰："肝藏血，主筋膜，肝火热，则胆泄口苦，筋膜干则筋急而挛，发为筋痿。"故又说："筋痿生于肝，是房事过度，使宗筋弛纵所致。"由于十二经筋行于体表，所以筋痿表现为萎靡不振、性功能低下等。十二经筋是依靠内联脏腑的十二经脉中的气血濡养而得以维持。

另外，自然界的寒、暑、湿对经筋的影响也最为明显。寒则经筋拘急，腰背反张；热则筋脉弛纵不收或阳痿不举等。现代经筋病（多表现为手、脚、腰、肩、背、颈、脊柱麻痹、疼痛等）扩展到年轻人和中年人身上，究其根源多与生活方式的不科学有关系。想想我们生活在城市里，夏天用空调，冬天有暖气，出门无论公交、地铁、办公室、商场亦是如此。久而久之，有为数不少的学员告诉我，他们已经不大会出汗了，这是有问题的。俗语云：春捂秋冻。在中医导引学的角度，这是针对经筋的锻炼，冻使经筋收缩，捂使经筋舒展，如此则可使经筋保持弹性和活力。

如何理解动作要领——伸筋拔骨

现在的锻炼方式很多，多是以锻炼肌肉、有氧运动燃烧脂肪为主。易筋经十二势则不然，它不同于普通的运动，是源自古中医五术之一的导引术，其动作要诀为"伸筋拔骨"。即通过伸筋拔骨之导引以达到拉伸筋膜和刺激骨膜的功效，这正是习练易筋经十二势的三要素之一。

伸筋拔骨的导引功能亦为现代运动生理学所证实，伸拔经筋、骨骼影响的是人体的骨膜，骨膜是一层结缔组织，骨膜最内层的细胞有造骨功能，而古本《易筋经·膜论》说："易筋以炼膜为先，炼膜以炼气为主。"又说："膜居肉之内，骨之外，包骨衬肉之物也。"由此可见易筋之举既牵动筋膜亦带动骨膜，由内而外导气令和，引体令柔，气和体柔，健康可求。

另外，易筋八法始终贯穿十二势其中，不断地使经筋和骨膜受到刺激，易筋八法为："一、举；二、提；三、拉；四、按；五、抱；六、抓；七、坠；八、推。"此八法是八段易筋小导引之集锦，其疏导形式表现最为集中者，当数"三盘落地势"。其余各势因其所疏导的经筋不同而各有侧重，学练者要用心体悟易筋导引之过程。

需要注意的是，练习易筋经十二势用的是筋劲，而不是肌肉力量。易筋经十二势的每一势都是在疏导一条经筋，通过不间断的练习可以使人体的筋归槽，骨对缝。凡身形不正、胸腹积聚、关节疼痛者大多是由于筋出槽、骨错缝所致，故欲求康健都可从易筋入手。

十二经筋与十二经脉有什么关联

易筋经十二势的特点是"分筋疏导"。一说到易筋经十二势导引法,势必会联系到经脉或经筋,也有为数不少的人将十二经脉与十二经筋混为一谈,经脉与经筋是中医学对人体生命系统和生理的一种认知和表述,二者同属一个特殊的人体气运行的大系统,这个系统由十二经脉、奇经八脉和经内外穴道等组成。上述的经穴系统是有名而无形的。十二经筋隶属于十二经脉,十二经脉内联五脏六腑,而十二经筋是不入脏腑的。人体十二经筋与人体十二经脉相应,人体十二经脉又与一天十二时辰相应,符合中医养生学"天人合一"的理念,从防病治病的角度上看有里应外合的功效。

我们学练易筋经十二势首先要了解和学习十二经筋图谱,记住十二经筋的起止十分重要,知道了十二经筋的起止与相关的证候,以后就可以有的放矢地运用易筋导引法,也会起到事半功倍的效果。由于人体十二经筋是靠十二经脉所内联的五脏六腑之气血来濡养而得以维持,所以人体经筋是否舒展则亦是十二经脉外在的体现。前面十二幅图谱是笔者请上海范峤青先生专为本书所绘,将十二势导引法古图谱与对应之经筋相结合,以方便读者学习。

旧时得《易筋经》和十二经筋图谱非常之难,因此十二经筋之行止都是由师父言传身教,其诀简单易记,便于传承。十二经筋行止诀曰:"六条(三阴、三阳)足经筋,起于足趾爪,归于头面;六条(三阴、三阳)手经筋,起于手指爪,归于胸腹;最终结聚于阴器(宗筋)。"十二经筋行止诀说明了人体起止点,都行于肢体,不进入脏腑,但是仍然采用十二经脉名称(经筋名称之后没有所属脏腑),其走向均始于四肢末端,结于各大关节、躯干、胸腹、头面等。其六条（三条在手、三条在足）阳筋在外侧、在后面，六条（三条在手、三条在足）阴筋在内侧、在前面。

明代张介宾撰《类经图翼》对十二经筋图有一段专门的论述，言简意赅，比较专业，下面用白话文作一个简略解说：肝主筋，属木，其华在爪（指甲），因此十二经筋都起于四肢之指（趾）爪，而盛于辅骨，结于肘、腕，系于膝关（膝为筋之府），联着肌肉，上至颈项，最后归于头面和胸腹，结聚于阴器。这一段是经典里描述的有关十二经筋的内容，对于十二经筋若想要深入研究可参阅《灵枢·经筋》。

古本易筋经十二势导引法对锻炼场地和时间有要求吗

古本易筋经十二势对练习场地和每次练习时间长短没有严格限制。无论室外、室内、宽敞、狭窄均可以锻炼。不过为了保证练习效果，建议室内练习时要开窗通风，以确保室内空气清新。

另外，易筋经十二势不一定每次都要全部做完，若时间确实不够，选做预备势和适合自身的相应几势。收势是必须要做的，这样也会有较好的疏筋活血的导引效果。

练习古本易筋经十二势导引法为什么要扎腰带

在练习易筋经十二势前，先排空大、小便，穿上宽松透气的衣服，然后在腰上扎一根腰带。腰部有一条脉，名叫带脉，带脉横于腰间，起约束的作用。带脉将身体一分为二，在带脉以上为阳，带脉以下为阴，带脉约束着人体经脉与阴阳，能使清气上升，浊气下降。清浊分离，人的气色就好，精力也会充沛。要注意的是腰带不可用松紧带，松紧带会随着腹部的收缩和鼓胀而变化，而腰带则是约束其鼓胀，是防止腹部壅塞的有效措施，同时也可以对腰肌和腰椎起保护作用。

古本易筋经十二势导引法的易筋要诀是什么

《古本易筋经十二势导引法》将古本之传承要诀浓缩到十二个字，涵盖了导引术之身法、息法和心印。

（1）伸筋拔骨。重点是伸，是指肢体动作导引的要诀，做导引凡举手、投足、转体、弯腰、抬头时，都要达到拔伸筋骨，紧松有度，这样才能刺激骨膜。人衰老是由骨骼引起的，防止衰老要先练筋壮骨，以达到易筋以壮其外。

（2）屈伸呼吸。是指呼吸法的要诀，呼吸要配合形体动作的变化，一呼一吸既要自然，也要到位，使肺的生理功能发挥最佳作用，呼吸调好了可以起到事半功倍的养生效果，先从胸式呼吸开始。

（3）守中致和。旧时谓：真传一句话。"守中"是古本之"心印"最为重要的一句。"心"指心意，"印"即不变。守中至关重要，就是在做导引时关注自己最重要的生理位置"胸下腹上"，使身心、气息都趋于平和。"和"即和气，导气令和，《易筋经》曰："筋和则康"。

"易筋经十二势"的特点是分筋导引，其每势皆对应人体一条经筋，若能每天坚持练一遍易筋经十二势，如同每天为自身十二条经筋做了一次卫生。因此，古时亦称导引术为"卫生术"。做一遍易筋经十二势，十二经筋则可轻松运行十二时辰，如此日复一日，周而复始，便能祛病延寿。

练习古本易筋经十二势导引法饮食上要注意什么

根据衙门藏版《易筋经》中"十二月行功"记载，习练易筋经十二势导引后，第一个月胃口比较好，可适当增加一点营养，如早上加一枚鸡蛋，晚上加一杯牛奶。如果本来营养足够的，主食可增加一些粗粮。

人身的精、气主要是由每日三餐的饮食转化而来，习练易筋经十二势可帮助提高人体的气化功能。

另外，由于完整地练习易筋经十二势导引有一定强度，尤其是当天气炎热时，会大汗淋漓。因此，易筋导引前后要注意及时补充水分，以白开水为佳，忌以喝饮料、浓茶来解渴。

练习古本易筋经十二势导引法有哪些禁忌

古本易筋经十二势导引的目的是通过疏导十二经筋，达到易筋以坚其体、内壮以助其外的效果。内壮外强是借助于真气，内壮是真气归经后产生的效果，因此，导引时忌生气、吵架。外强是体内充盈后，真气到达人体外部，因此，习练易筋导引后，忌动手打人。

另外，忌随意自行改变导引动作。因为人体经筋起始都有固定循行路线，不可违反循行规律。

女子经期可只练预备势、韦驮献杵第一势、韦驮献杵第二势和收势。

年老体弱者能否练习古本易筋经十二势导引法

"古本易筋经十二势导引法"符合人体生理功能，踮足和足趾抓地、握拳和舒展手指，以及人体各大关节都是经筋循行经过的部位，如髋、膝、踝、肩、肘、腕等十二个大关节有规律的导引，二十四个脊柱的导引都与筋有关联。易筋没有高难度的动作要求，只要求按要领做导引到极致即可，待导引动作熟练后再配合呼吸就会有事半功倍的效果。做导引时起心动念很重要，不要针对自身的疾病，而是先让自己舒筋活络，筋骨活络了，生理也会逐渐产生变化。

练习古本易筋经十二势是一个循序渐进的过程，无须刻意追求动作标准，每个人只需根据自身当下的身体状况，将各势的要点做到位即可。在锻炼初期如确有困难，可在老师的指导下针对性地选择几势锻炼。

古本易筋经十二势导引前的准备与热身

"古本易筋经十二势"各势开始时，均有咬牙、舌抵上腭、双目平视、调匀鼻息的要求。

其中"咬牙"是练筋骨的开始。中医学认为：肾主骨，齿为骨之余。"咬牙叩齿"可固齿和壮骨。咬牙，也称"叩齿""啄齿"，养生十六宜曰："齿宜常叩"，无论坐、卧、站、行，均可叩齿。记得曾有学员问及：已是满口假牙，还用得着咬牙吗？回答是肯定的，咬假牙还可以刺激牙床，以防萎缩。

"舌抵上腭"。注意这里用的是抵，而不是舐。中医学认为：舌为心之苗。舌尖上抵则津液生。养生十六宜曰："舌宜常柱"。舌抵上腭形成任脉与督脉的环流，道家称为"小周天"。满口生津后咽津亦是养生要诀。诀曰："津宜常咽"。

"双目平视"。我们传承的易筋经十二势是要求睁开眼练的。中医学认为眼为"神舍",睁眼有练"神"之功效。如果习练者神衰,在锻炼时不自觉地闭上眼睛,可稍事休息,待精神恢复后再睁眼练习。

"调匀鼻息"。初学者,可鼻吸口呼,待呼吸调匀后再鼻吸鼻呼。养生十六宜曰:"鼻息宜调匀。"初习调息宜刻意为之,久久自成习惯。

注意:年纪大者习练,尤其是男性,如果发现自己的鼻毛长,在理发时请理发师修剪短一些,因为毛发的功能之一是帮助收缩,而鼻毛太长也会影响通气。

以上为行易筋经十二势导引前的准备功课。本书所选十二势古谱及要点取自明末清初的衙门藏版《达摩易筋经》,故称其为"古本易筋经十二势",若要深入研究,请参阅上海古籍出版社出版的《达摩易筋经》。

易筋经收势与拍打法

易筋经在中国已传承了千百年,先贤们极大地丰富了易筋经之内涵,除了有经典的"三论"(总论、膜论、内壮论)和"易筋经十二势"外,还有辅助技法,如"揉法""服饵""采日月精华法"等自然疗法,其易筋作用之印证则有"十二月行功"。

2000年6月余有幸到香港亲近国学大师南怀瑾先生,南师慈悲印可易筋经之法要并传授收势及拍打法,使《易筋经》之传承更为完整。

拍打的几组穴位(均为双穴)很重要,有里应外合之功效。先用右手四指拍打左手内关穴7次,再依次拍打外关穴、环跳穴、足三里穴和三阴交穴。操作方法详见《古本易筋经十二势导引法》动作分解演示收势部分(正文第111-第112页)。

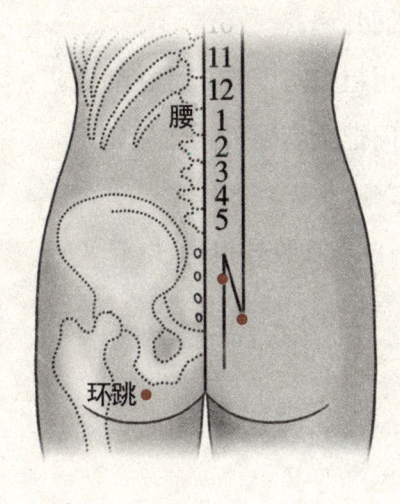

腰
11 12 1 2 3 4 5
环跳

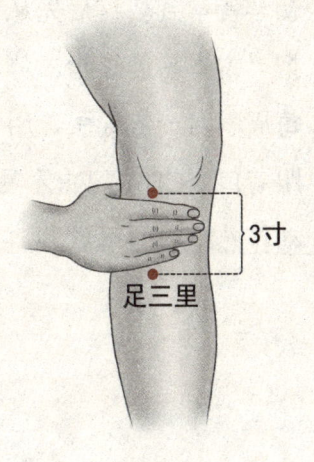

3寸
足三里

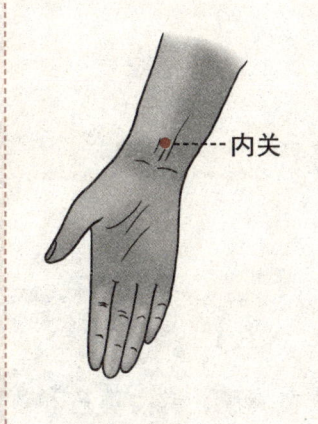

内关
外关 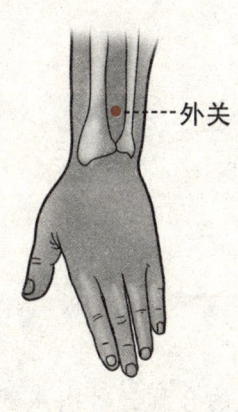
三阴交 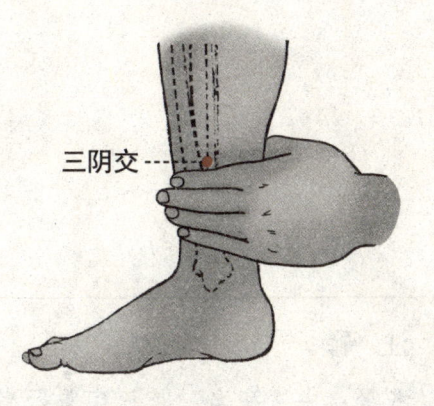

古本 易筋经 十二势导引法

045

对初学者的几点建议

（1）初学者拿到教材后先从头到尾翻阅几遍。

（2）把"古本易筋经十二势"的名称用粗笔写下来，挂在墙上。

（3）每周学习一势导引，用13周的时间把全套导引动作学完。

（4）跟着口令CD练习古本易筋经十二势。

（5）动作熟练后即可放弃口令CD，循自身呼吸导引为佳。

注 释

积聚：中医病名，是积病与聚病的合称，其病患部位在胸腹，身心障碍和饮食起居失常都会引起积聚病，导引术有消积散聚之功效。

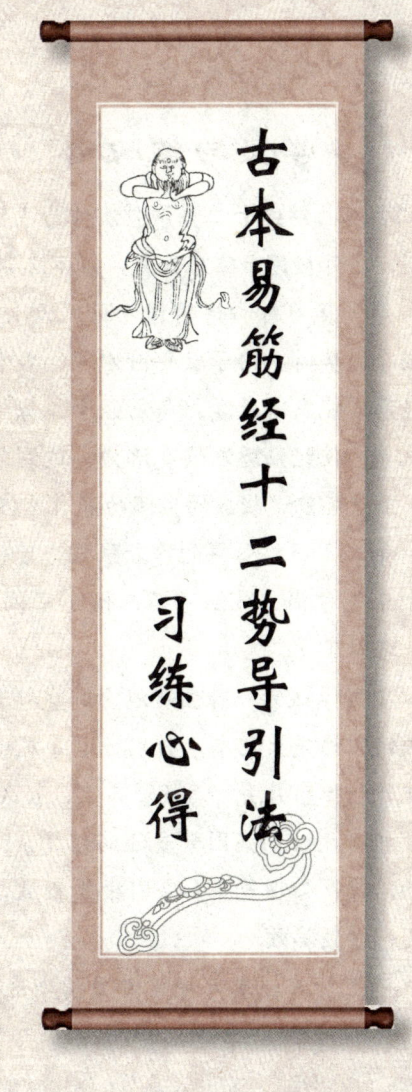

古本易筋经十二势导引法习练心得

学员习练心得

古本易筋经十二势导引法作为中医诊疗类非物质文化遗产项目，既可用于养生、治未病，亦可应用于临床康复。以下选取两位学员的习练心得，供读者参考。

第一篇习练心得的作者孙凤云女士，系武术裁判，从事太极拳教学工作。初习易筋经导引势时，由于数年前右膝、右臂之旧疾，难以完成摘星换斗势，究其原因系受伤后经筋未能及时康复。易筋经十二势导引法，身法要诀为伸筋拔骨，其作用就是通过逐筋疏导，使经筋逐渐恢复活力，达到筋归槽、骨对缝的状态。通过一段时间的针对性锻炼，筋伤痊愈，相应的生理功能自然恢复。

第二篇习练心得的作者张强先生，罹患抑郁症。中医学认为此症属"郁证"范畴，多由正气亏损、疏泄不畅、情志不调所致。习练易筋经十二势导引法，可助其提升阳气，培养正气。

中医学认为：肝主疏泄。卧虎扑食势疏导足厥阴肝经，习练此势可助疏泄。又曰：肾藏精，为先天之本。打躬势疏导足少阴肾经，习练此势有固本培元之效。同时又辅以"疏肝利胆导引法"。数管齐下，长久坚持，始见其效。

抑郁之症，病因繁多，病程复杂。不是习练一招一势、朝夕之间就能起效的。需要药物治疗、心理疏导和导引康复相结合，家属全程关注，医生辨证施治，激发患者自身正气，方显其效。

以上赘言，或可使读者更清晰地了解古本易筋经十二势导引法的学习、应用之心得。

太极拳教师习练心得

我作为一名中国传统武术的爱好者和实践者，通过学习和习练古本易筋经十二势，获益匪浅。

自2000年随师周元钧先生学习杨氏太极拳之前，我一直在上海武术院、虹口区拳操协会、老年体育协会从事武术教学工作。近年来，利用闲暇时间，在上海市杨浦区和平公园教市民练习太极拳。现为国家一级武术裁判。

2010年举世瞩目的世博会在上海召开，我受街道委派参加上海市非物质文化遗产——古本易筋经十二势的辅导员培训，并被选拔参加2010上海世博会"上海周"期间的"古本易筋经十二势"群体展示活动。

说实话，起初接触"古本易筋经十二势"更多的是去完成街道的任务。但是随着学习的深入，我越来越觉到《易筋经》的博大精深，古本易筋经十二势没有复杂和花哨的动作，精炼的十二势动作，正对应人体十二条经筋，一套动作完成，身体的经筋和气血都被调理了，真正是从内往外地强壮身体。

要谈我的锻炼体会，就要从严蔚冰老师安排我在世博会展演期间表演"摘星换斗势"说起。7年前我不慎挫伤了右膝韧带和右上臂内侧筋，理疗、贴膏药都没有治愈，几年来左腿一直不能曲蹲，右臂活动也受限制。每逢阴天下雨、气候变化，就更遭罪了。在世博会展演期间，严老师特别安排我展示"摘星换斗势"，我在做右臂后旋、探肘时，右臂那种撕、拉、撑、扯的疼痛，让我周身发抖，几次想放弃，但最终还是咬牙坚持了下来。就这样度过了世博会展演期间身体上最痛苦的几天。没想到，展演结束之后，疼痛减轻了很多；又过几天，疼痛消失了，双手反合十又可到后心，我喜出望外！7年的旧疾，在这几天中缓解了！我从心里感谢严老师的教导，否则不会这么快康复。

尝到甜头以后，我每天坚持认真练习古本易筋经十二势，细细体会其中的奥妙。"九鬼拔马刀势"原来向右转体扣嘴角时嗓子发痒，总想咳，练习3个月后，嗓子不痒不咳了。2010年冬天是我感到身体状况最好的一个冬天，按照严老师教授的养生方法，整

个冬天里腿脚活动都很轻松，腰、膝、足底总觉得暖暖的，人很精神。口中津液产生得多而快，以前讲课时间长了有口干感觉，现在没有了，学员们常说总觉得我不知道累，我想这是坚持习练古本易筋经十二势后，精、气、神俱足的原因吧。

我习练古本易筋经十二势的另一收获，就是通过易筋经十二势的习练，使我对太极拳也有了更深一层的体会和精进。

我非常感慨，在我人生的晚年，有幸接触到博大精深的中国传统文化——古本易筋经十二势，并从中受益，我愿意将自己的心得和更多的同行、习练者分享，把这一优秀的、宝贵的文化传承下去，使更多的人受益。

上海　孙凤云
2011年5月

抑郁症病友练习体会

学习古本易筋经十二势的因缘

我是浙江的一名初中英语教师。因为和父母的关系紧张，加上个人感情生活不顺利及一些不良生活习惯的积累，在2009年（23岁）上半年，健康状况越来越差，就连早上起床到小区附近吃早点，200米的路程都走不动，四肢无力，右下腹疼痛难忍，悲观失望，做什么事情都没有动力，整天胡思乱想，跟父母吵架，多次想自杀，感觉活着太累。去某精神病医院检查，被"判"重度抑郁症。

自从得了抑郁症后，我查阅了好多资料，尝试过各种各样的治疗方法，到医院请医师开药，买营养品、治疗仪，但效果都不是很好，感觉度日如年。

在我走投无路的情况下，有位邹姓朋友介绍我了解"古本易筋经十二势"，他是上海市非物质文化遗产——古本易筋经十二势的代表性传承人严蔚冰先生第一次到温州授课的学员。2009年11月初，严老师第二次到温州授课，我想自己反正也没有事情做，就去参加学习"古本易筋经十二势"培训班,起初练习起来,真的没有感觉有什么好处,但是觉得反正在家很无聊,培训很正规,严老师又有传承,得到过南怀瑾先生的印证,应该不会有坏处,就当作运动吧。培训结束后我的生活又回到百无聊赖的状态,就天天去附近的公园锻炼"古本易筋经十二势",起初并没有觉得身体状况有什么太大好转,直到有一天突然发现肚子不痛了,也不悲观了,我才明白自己的健康恢复了。

如今我已恢复正常工作,家里也添了一个可爱的宝宝。我每每想起病情严重时的样子,就从心底里感恩《易筋经》和严老师。

练习感受

1. 练习古本易筋经十二势,最明显的好处莫过于增加胃动力,就是胃口变好,有饿的感觉,吃完饭不用担心不消化。一般抑郁症的患者往往都是形容憔悴,而练习后可以改善体质和气色。

2. 前面三势做完后,可以检查自己的手掌,你会发现手掌像洗了桑拿浴一样,起"皱纹"。这是由于反复多次"握固",使得血液循环加速的原因。

3. 如果是男士,练习完后上厕所,可以发现小便比以前顺畅有力,说明肾气充足了。

4. 整套动作做完以后,感觉身心愉悦。在练习完古本易筋经十二势后,我感受不仅体力充沛,而且心态平和,整个人充满活力。这一点特别适合现代忙碌的、"鸭梨大"的城市人。

所以,在2010年下学期,学校组织教师搞健身活动时,我就积极建议学校开设"古本易筋经十二势教师俱乐部"。虽然俱乐部开张的时候报名参加的人不太多,但是逐渐有很多老师(包括校长)了解并喜欢上了古本易筋经十二势。

温州 张 强

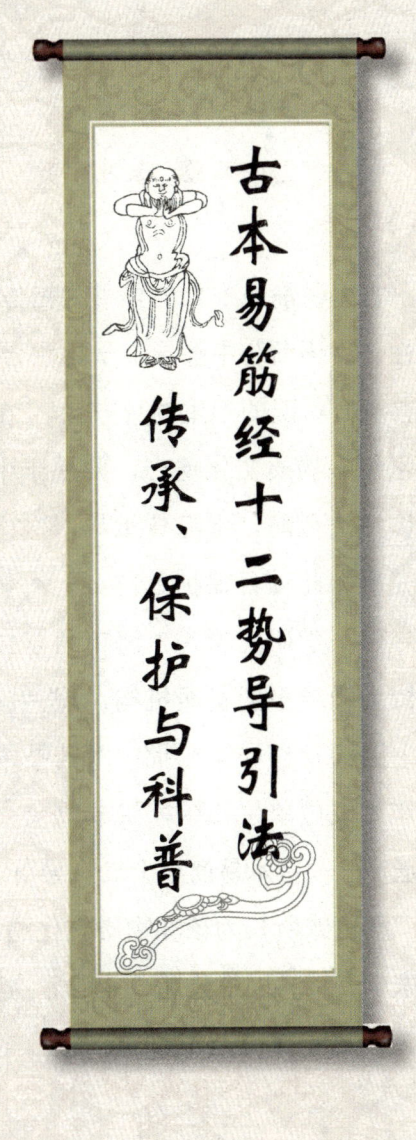

古本易筋经十二势导引法
传承、保护与科普

国家级非物质文化遗产——古本易筋经十二势导引法

古本易筋经十二势导引法相传源自禅宗初祖菩提达摩，最早用于修行人修身养性，后逐渐与中医导引学相融合，形成了一套通过针对性疏导人体经筋系统，改善身心状况的养生健身方法。2014年经中华人民共和国国务院公布其为第四批国家级非物质文化遗产，归属于中医诊疗法范畴，上海传承导引医学研究所为此项目保护单位。上海传承导引医学研究所是上海市科学技术协会领导下的科研机构，现为国家中医药管理局第二批中医药技术协作组成员单位和国家级非物质文化遗产——古本易筋经十二势导引法项目保护单位。

严蔚冰所长为该非物质文化遗产项目代表性传承人，联合上海医药界的诸多专家学者，共同搭建起专业的非物质文化遗产传承和保护平台。

上海中医药大学首开《中医导引学》课程

2016年，国内首套系统介绍、深入体验、在线"慕课"、科创研究相融合的《中医导引学》本科专业系列课程在上海中医药大学康复医学院正式开讲。

该校副校长胡鸿毅教授在谈到《中医导引学》课程建设时强调，开设《中医导引学》课程，不仅能促进师生们掌握中医导引要领，更有利于对中医药文化与科学真谛的正确把握，希望更多的青年学子来关注中医导引学术传承与发展，并成为大学生创新创业教育的一个源头，造就更多热衷于非药物治疗的健康服务优秀职业人才。

非物质文化遗产进校园

2012年应上海市包玉刚实验学校苏文骏董事长邀请，上海传承导引医学研究所面向全校师生开展易筋导引健身活动。近三年来，先后开设全校师生易筋经晨练，面向教职员工的易筋导引教学，和面向学生的非遗传习课程，受到师生和家长的喜爱。包玉刚实验学校有来自17个国家的500余名学生和近200名中外教职员工。非物质文化遗产——易筋经十二势科普进校园，不但有助于生长发育期的学生强壮筋骨，促进体格健全，还能帮助师生及

时消除工作、学习中产生的身心疲劳。更为关键的是，易筋经十二势导引法强调身、心、意的协调统一。正如校董苏文骏先生所言：学习易筋经十二势近期看是锻炼身体，远期看是锻炼精神。

2015年，上海中医药大学设立严蔚冰非物质文化遗产传习工作室，依托学校平台对师生进行中医导引文化宣讲，拍摄中医导引学慕课，开展易筋导引实修课程。

非物质文化遗产进机关、企业

现代人多被脊柱相关疾病困扰，无论是颈椎病、腰椎间盘突出、肩周炎，还是抑郁、烦躁多与此相关。脊柱问题需要从经筋入手进行自我调理和锻炼。"古本易筋经十二势导引法"每一势导引动作都针对性地疏导人体的一条经筋，既可全套十二势完整练习，亦可每势独立应用，不受练习场地和时间限制，可及时消除身心疲劳，非常适合现代人学习使用。上海传承导引医学研究所先后在上海银行、浦发银行、上海银联、国金证券等企业机关开展非物质文化遗产——易筋经十二势导引法健康科普活动，对治疗职业病，缓解亚健康综合征有很大帮助，深受企业员工欢迎。

走向国际的易筋经十二势导引法

2016年6月，第二届中国-中东欧国家卫生部长论坛期间，严蔚冰、严石卿及其团队应邀为各国卫生部长代表团进行了为期两天的易筋经导引法展演。刘延东副总理、王国强副部长陪同外宾观摩学习了这一古老的中医非物质文化遗

产。外宾们表示希望能将这样绿色、安全、有效的中医非药物疗法带回本国学习、应用。

2016年11月21日—24日第九届全球健康促进大会期间，严石卿及其团队在中医药体验展区进行了为期四天的中医导引法展示及互动体验。来自各国的政府官员、专家学者和多位世界卫生组织官员跟随严石卿学习体验易筋经十二势导引法。

儿童及青少年智力残障导引康复干预

上海传承导引医学研究所与上海黄浦区中西医结合医院、上海市中医文献馆门诊部、上海市奉贤区中医院合作以中医导引学理论为指导、应用中医诊疗法——古本易筋经十二势导引法对智力残障儿童、青少年进行形体调摄与认知功能训练，并对其家属及护理人员进行心理疏导，指导和帮助患者、家属建立起坚持康复、走向社会的信心。康复干预及健康教育工作先期已在上海市黄浦区、卢湾区、虹口区、奉贤区各辅读学校、阳光学校及阳光之家有序开展。

帕金森病导引康复干预

上海传承导引医学研究所与上海交通大学医学院附属瑞金医院功能神经外科合作，应用中医导引学的理论和方法对疾病各阶段的典型症状进行康复干

预，并从整体到单一症状整理编制出版了全套科学实用的《帕金森病导引康复法（图解）》一书。通过二年对近百例典型病例的临床观察显示，帕金森病导引康复法通过疏导经筋，改善气血循环，以荣养筋骨和脏腑，对巩固治疗效果，缓解乃至消除吞咽、步态、发音、心理障碍等症状效果明显。充分显示了中医导引学在慢性病康复和跨领域学科合作方面的优势和前景。

中医导引在慢性疲劳综合征中的应用

2013年起，上海体育学院运动科学学院、上海传承导引医学研究所合作开展《运动健身改善老年人体质的生物信息综合评估系统研究》。通过对100名年龄60－69岁无运动锻炼史人群，进行跟踪调研和测试检查，研究结论显示，通过正确锻炼"古本易筋经十二势导引法"，可以提高老年人身体功能，增强平衡力，提高免疫力，"古本易筋经十二势导引法"是一项适合老年人健身的运动方式。

2014年起，上海市推拿研究所、上海传承导引医学研究所合作开展上海市科学技术委员会项目《推拿功法易筋经防治慢性疲劳综合征的脑功能成像研究》。

古本易筋经十二势导引法

分解演示

预备势

① 松静站立。咬牙，舌抵上腭，双目平视，调匀鼻息。

② 屈膝下蹲，低头。重心前、右、后、左移动，重心还原。

侧身位演示

注意：如初学者两足并拢下蹲困难，可从两足开立与肩同宽逐步开始锻炼，逐日减少足间距，假以时日即可完成此势。

❸ 两手扶膝，膝盖挺直。

❹ 十指交叉翻掌心向下。

侧身位演示

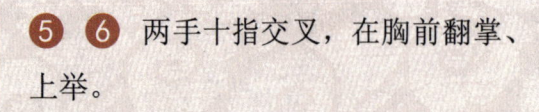

❺ ❻ 两手十指交叉，在胸前翻掌、上举。

7 | 8

侧身位演示

❼ 两手抱后脑，抬头、挺胸、挺腹、挺小腹、挺腹股沟。

❽ 身体还原，同时吐气。

❾ 十指交叉，上托。

❿ ⓫ 左右分开至水平位握拳。

⑫ ⑬ 依次放松肩、肘、腕、手指。

⑭ 重复3次后恢复松静站立。

韦驮献杵第一势

① 两足开立，与肩同宽，自上而下放松。

❷ ❸ ❹ 两手转掌心向前，在体前慢慢捧起，在胸前合掌。

❺❻ 向前推出，左右打开。

❼ 转掌心向下，握拳。

❽ 依次放松肩、肘、腕、手指。

❾ 重复7次后，恢复松静站立。

韦驮献杵第二势

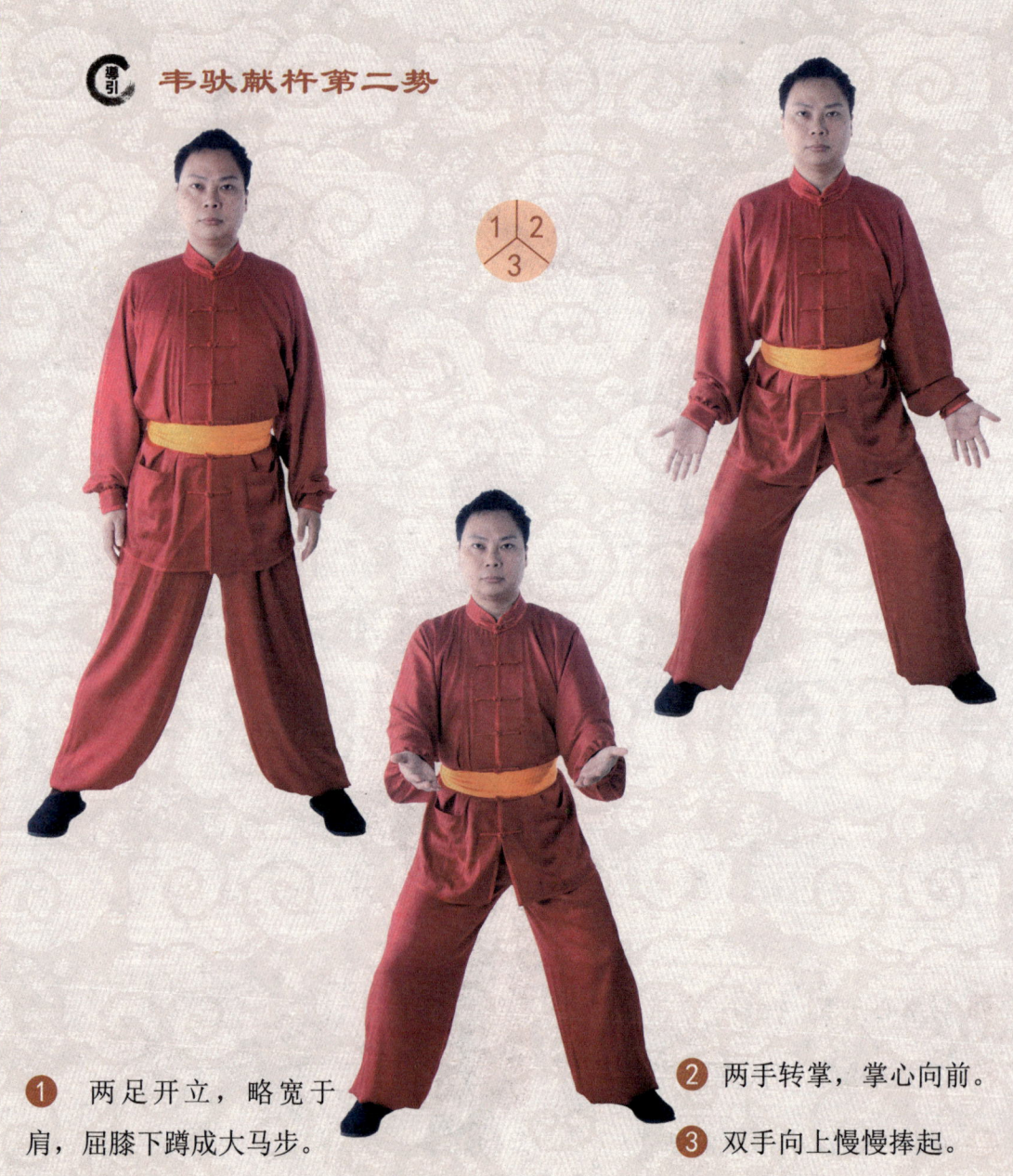

① 两足开立，略宽于肩，屈膝下蹲成大马步。

② 两手转掌，掌心向前。

③ 双手向上慢慢捧起。

❹ ❺ 在胸前翻掌,掌心向上,两掌上托,双目上视,两膝微屈,尾闾向后推出。

❻ 两手左右打开,至水平位握拳。

❼ 在依次放松肩、肘、腕、手指的同时，慢慢起身。

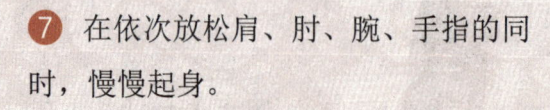

❽ 重复7次后，恢复松静站立。

C 摘星换斗势

1｜2

① 承上势，屈膝下蹲成大马步。
② 两手在体前捧起。

❸ 转掌心向下，右手在上，左手在下，两手上下撑开。

❹ ❺ 右手上顶，左手下探。眼看上掌。

后身位演示

❻❼ 两手同时外旋、握拳,成右摘星势。

❽ 两手握拳,至胸前交叉换手。

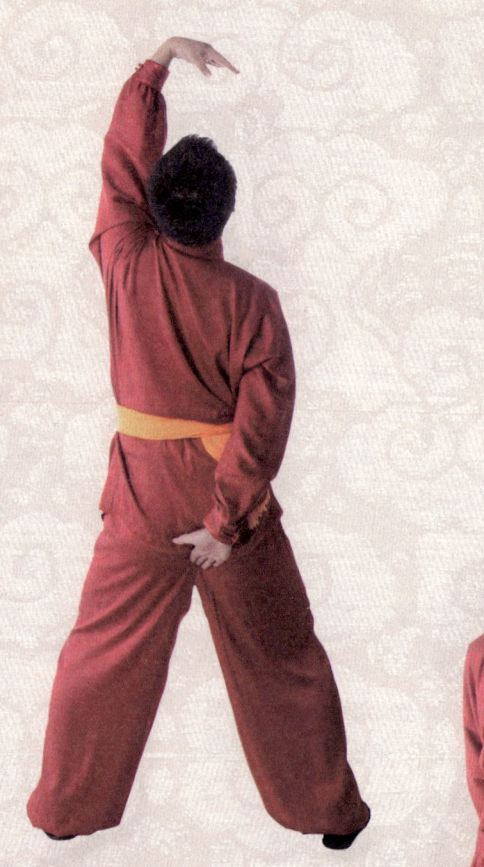

后身位演示

9 10 左手上顶，右手下探。

11 两手同时外旋、握拳，成左摘星势。

⑫ 左势与右势合为1次。做7次后，两手握拳收于肋间。

⑬ 依次放松肩、肘、腕、手指，恢复松静站立。

出爪亮翅势

① 两足并拢，自上而下放松。

②③ 两手握拳，置于两肋。抬头、挺胸、收腹。同时足跟提起，人体重心移至足掌。

侧身位演示

侧身位演示

❹ ❺ 同时两手呈爪状，向正前上方探出（出爪）。

❻ ❼ 两臂外展，向后方画圆弧（亮翅）。

侧身位演示

❽❾ 两臂从体侧慢慢收回，握拳于肋下。

❿ 依次放松肩、肘、腕、手指。重复7次后，恢复松静站立。

倒拽九牛尾势

2 两掌心相对在小腹部呈拧物状，右手在下，左手在上。

1 右足向右方跨一大步，屈膝下蹲呈马步。

侧身位演示

3 两手握拳左右分开。身体右转成弓步，右膝前顶，后腿挺直。右手攥拳成倒拽牛尾状。

⑤ 两手握拳左右分开。身体左转成弓步，左膝前顶，后腿挺直。左手攥拳成倒拽牛尾状。

④ 还原成马步。两掌心相对在小腹部呈拧物状，左手在下，右手在上。

侧身位演示

6 7 左势与右势合为1次，做7次后还原成马步，两手握拳收于肋下，依次放松肩、肘、腕、手指，同时起身。

九鬼拔马刀势

1|2

① 两足并拢,自上而下放松,舌抵上腭,两目平视。

② 两臂从体侧慢慢抬起与肩平。

❸❹ 右手臂靠头部，左掌拇指向上，抵住后心。

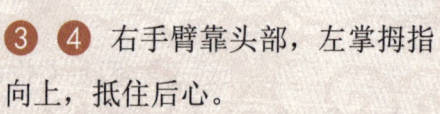

后身位演示

❺❻❼ 右手臂夹抱头部，右手手指带住嘴角，左手拇指抵住后心，同时上身向左转180°。

后身位演示

❽ ❾ 恢复至正身位，两手侧平举，掌心向上。

10 **11** 左手臂靠头部，右手拇指向上，抵住后心。

后身位演示

古本 易筋經 十二勢導引法

⑫ ⑬ ⑭ 左手臂夾抱頭部，左手手指帶住嘴角，右手拇指抵住後心，同時上身向右轉180°。

后身位演示

⑮ ⑯ 左势与右势合为1次，做7次后，还原成正身位。

⑰ 两手侧平举，转掌心向下，握拳。

⑱ 依次放松肩、肘、腕、手指，恢复松静站立。

三盘落地势

① 右足向右跨一大步。两足开立，自上而下放松，舌抵上腭，双目平视。

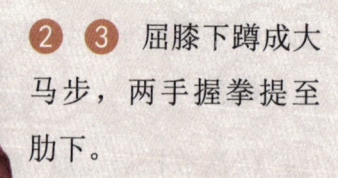

② ③ 屈膝下蹲成大马步，两手握拳提至肋下。

4	5
6	7

④ ⑤ 两手由拳变掌，用劲下插。

⑥ ⑦ 两掌心以掌根用劲，向前慢慢推出。

侧身位演示

❽❾ 掌根用劲推至水平位，向内收于腋下。

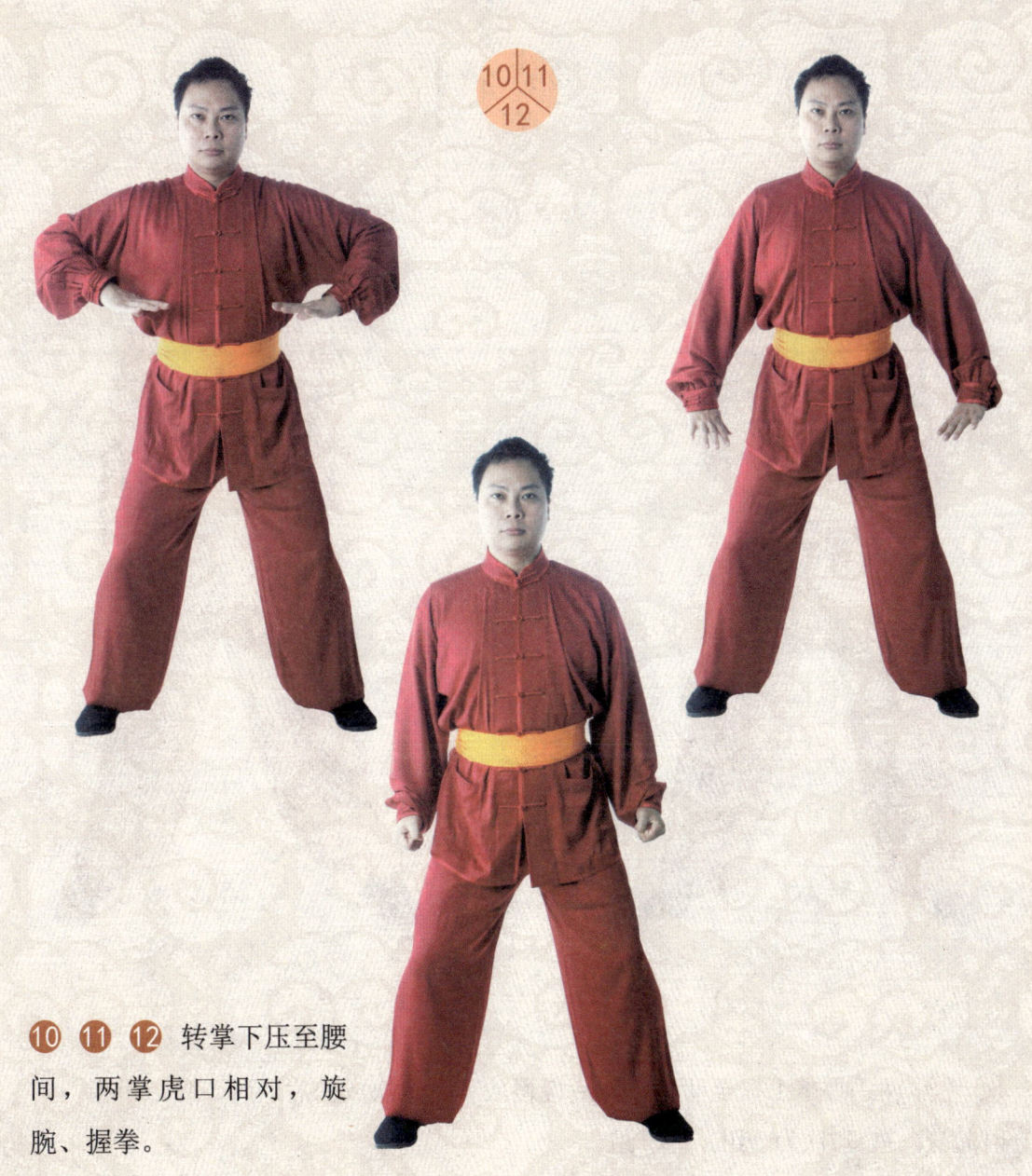

⑩ ⑪ ⑫ 转掌下压至腰间，两掌虎口相对，旋腕、握拳。

⓭ ⓮ 两手握拳上提至肋下，然后慢慢放下，依次放松肩、肘、腕、手指，同时起身。重复7次为一组，做一组。

青龙探爪势

① 两足并拢，自上而下放松，舌抵上腭，双目平视。

② 两手握拳，置于肋下。

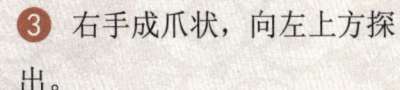

③ 右手成爪状，向左上方探出。

❹❺ 右手从上垂直下落至左足踝外侧。

❻ 翻掌下压。

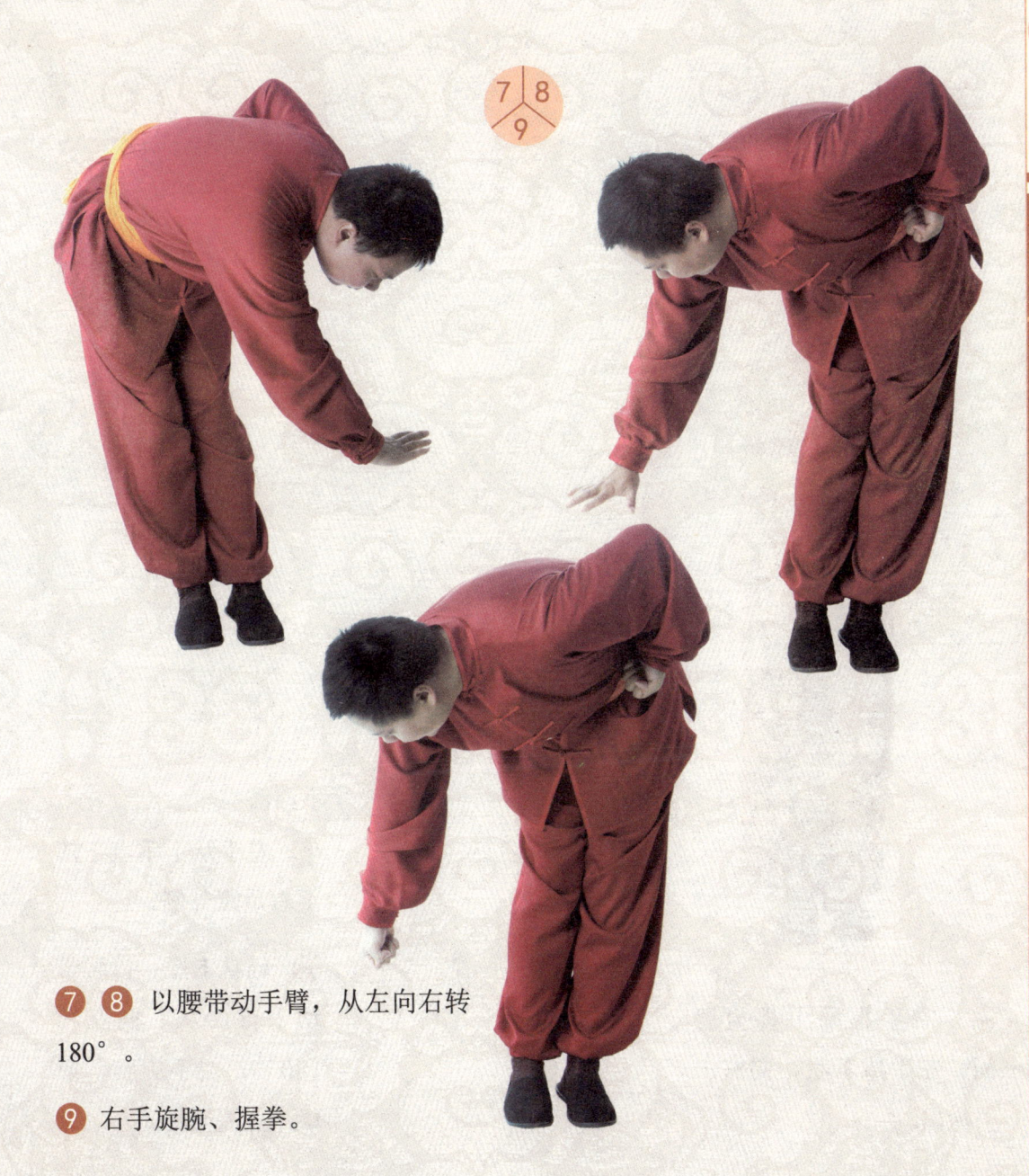

❼❽ 以腰带动手臂，从左向右转180°。

❾ 右手旋腕、握拳。

古本 易筋經 十二勢導引法

10 右手握拳上提至腰間。左手成爪狀，向右上方探出。

11 左手從上垂直下落至右足踝外側。

12 翻掌下壓。以腰帶動手臂，從右向左轉180°，左手旋腕、握拳，上提至腰間。

⑬ 左势与右势合为1次，做7次后，两手握拳收置肋下。

⑭ 依次放松肩、肘、腕、手指，恢复松静站立。

卧虎扑食势

1|2

❶❷ 右足向前跨一大步，两手成虎爪状，向前扑出。

側身位演示

❸❹ 两手十指拄地，重心前移至手指和足趾。

❺ 抬头、张口、怒目，呈右卧虎扑食势。重心前后移动7次。

❻ 起身，两手掌心相对上举过头顶。

❼❽ 握拳，向下导引收至肋间。

❾ 依次放松肩、肘、腕、手指。恢复松静站立。

⑩ 左足向前跨一大步，两手成虎爪状，向前扑出。

⑪ 两手十指拄地，重心前移至手指和足趾。

⑫ 抬头、张口、怒目，呈左卧虎扑食势，重心前后移动7次。

古本 易筋経 十二勢導引法

⑬ 起身，两手掌心相对上举过头顶。

⑭⑮ 握拳，向下导引收至肋间。

⑯ 依次放松肩、肘、腕、手指，左势与右势合为1次，做7次。

卧虎扑食势老年人锻炼法

17 | 18

17 **18** 成弓步，两手扶膝，重心移至前腿。抬头、张口、怒目，呈卧虎扑食势。重心前后移动7次。

侧身位演示

注意：老年人在锻炼卧虎扑食势时，如存在下腰困难，可采取以上方法进行锻炼。

打躬势

1 松静站立，咬牙，舌抵上腭，双目平视，调匀鼻息。

2 两手在小腹前十指交叉，翻掌心向下。

3 两臂上抬，上举过头顶。

❹ 两手十指交叉抱后脑。

❺ ❻ 躬身下探，尾闾上抬。同时两臂以内关掩住双耳。

❼ ❽ ❾ 起身时头先抬起，以头带动肩、背、腰，慢慢起身，同时两臂逐渐打开。

⑩ 重复7次后，十指交叉上托。

⑪ 左右打开与肩平。

⑫ 两手握拳。

⑬ 依次放松肩、肘、腕、手指，恢复松静站立。

工尾势

① 松静站立。咬牙，舌抵上腭，双目平视，调匀鼻息。

② 两手在小腹前十指交叉，翻掌心向下。下颌内扣，百会上顶。

③ 两臂上举过头顶，抬头，眼看上掌。

4｜5

侧身位演示

❹❺ 两手保持十指交叉，慢慢下腰，下腰时保持头部昂起。

侧身位演示

侧身位演示

❻❼ 两手叉掌拄地，保持抬头，目视前方（约1米处）。

❽ 重心前移至足掌。足跟提起、顿地。

側身位演示

⑨ ⑩ 顿地21次后以手推地慢慢起身。

⑪ 两手交叉上举过头顶。

⑫ ⑬ 两手从体侧分开与肩平，握拳。

⑭ ⑮ 依次放松肩、肘、腕、手指，恢复松静站立。

工尾势老年人锻炼法

侧身位演示

注意： 老年人在锻炼工尾势时，如存在下腰困难，可以此法进行锻炼。

侧身位演示

16 17 18 两手十指交叉，下腰置于矮凳或茶几上，保持抬头，目视前方。重心前移至足掌。足跟提起、顿地，21次后以手推凳慢慢起身

收势

　　一套完整的导引法既有预备势，亦必有收势。以下收势得自于国学大师南怀瑾先生传承，望诸位学员珍之重之。

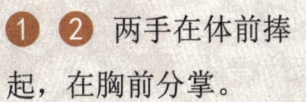

❶❷ 两手在体前捧起，在胸前分掌。

❸❹❺ 右手掌心向上，上托过头顶。左手掌心向下，双目透过下掌的虎口看左足跟。

后身位演示

❻ 两手在胸前交替。

❼ ❽ 左手掌向上，上托过头顶。右手掌心向下，双目透过下掌的虎口看右足跟。

❾ 左右膀各伸7次后，恢复至松静站立。两手在体前合掌，调匀鼻息。

❿ ⓫ 搓掌，待掌心发热后，击掌7次。

⑫ ⑬ 依次拍打左手内关穴、外关穴各7次。

⑭ ⑮ 依次拍打右手的内关穴、外关穴各7次。

后身位演示

❶6 ❶7 ❶8 依次拍打环跳穴、足三里穴、三阴交穴各7次。

19 20 21 两手从体侧慢慢上举，至头顶处握拳。

22 23 24 两手握拳向下导引，过肩后依次放松肩、肘、腕、手指，恢复松静站立。

古本易筋经十二势导引法 后记

2014年11月11日，由上海传承导引医学研究所申报的"古本易筋经十二势导引法"被中华人民共和国国务院批准列入第四批国家级非物质文化遗产代表性项目名录，归属于传统医药中医诊疗法（IX-2），成为国内首个中医导引类非物质文化遗产项目。

　　非物质文化遗产的概念是日本在"二战"后提出的，称为"无形文化财产"。这个概念带到联合国教科文组织后，先翻译成了法语，然后又翻译成了英文，然后才由我国驻联合国官员将其从英文翻译过来，称为"非物质文化遗产"。

　　随着国力强盛和文化复兴，我国对非物质文化遗产的传承和保护愈加重视。2011年6月1日《中华人民共和国非物质文化遗产法》正式实施，全国各地也陆续制订了相应的政策法规配套保障。

　　对于非物质文化遗产传承和保护的讨论离不开传承与创新的观点碰撞。事实上，这两者并非不可调和，而是相辅相成的。

　　上海市博物馆馆长陈燮君先生在谈到非物质文化遗产的现代化传承中，特别强调"本真性"的保护。任何非物质文化遗产其"本真性"一旦改变，就变了味道，成了另一种东西。与之相反，如果在保持其"本真性"的基础上，应用现代化的语言和技术，对其加以诠释，便使现代人能更好地理解和运用。譬如新瓶老酒，其香犹醇，则更有利于非物质文化遗产的现代化传承。

　　我们正是秉承这一原则，应用中医导引学理论和技法，在养生、治未病、健

康科普和临床康复等方面做出了相应尝试。

我们以科学健身的形式开展"非物质文化遗产进社区"活动，使其服务于老龄化社会；以导引养生工间操的形式开展"非物质文化遗产进企业"活动，帮助员工及时消除身心疲劳；以通识课程的形式开展"非物质文化遗产进校园"活动，帮助学生了解非物质文化遗产的文化的传承，掌握中医导引养生方法。同时，我们与临床机构合作，以康复干预的形式，将中医导引学应用于老年慢性病康复领域，取得了显著的效果。

认知和使用是文化生存的土壤。只有在人们喜之、用之、乐之的前提下，才能提升到文化的传承。否则只能无奈地放进博物馆，供后人缅怀、追忆。

传统医药类非物质文化遗产有着自然科学和非物质文化遗产双重属性，对社会健康发展有着积极的现实意义和实用价值。中医导引学是以"人"为研究对象的学问，与我们自身的健康息息相关，故能历千年而不衰。

古本易筋经十二势是经典的中医导引法，自成书出版以来，收到来自各方的信息反馈，既有建议之言，也有勉励之语。此次修订，在保持科普性、易读性和实用性的基础上，增加了一些理论、文化内容，并对"传承、保护和科普"相关内容进行必要的更新。全书侧重于文化科普和健康教育，并根据历年来在上海、北京等各大城市积累的传承与教学经验汇编完成，是一部结合现代化城市居民生活与工作特点的中医导引学科普书。在科普性、易读性和实用性方面，通过多图、多方位分解演示，动作要点讲解，动作机制解析，科普小贴士等诸多形式，帮助读者理解和掌握。

平心而论，要想深入浅出地介绍一套传统中医导引养生法并非易事，既要保

证措辞严谨准确，又要行文简洁明了。这对我们的工作提出了很高的要求。所幸在编撰、整理过程中得到了诸多专家的关心和指导。初版时，中国科学院院士、上海中医药大学陈凯先校长为本书作序，并提出希望。此次再版，又承蒙中医推拿学科奠基人、上海市中医药研究院推拿研究所严隽陶教授为本书作序。严隽陶教授推动并创建了新中国中医推拿学专业的学科建设，推动了推拿功法课程的设置改革和发展，倡导和开展了推拿功法的基础研究，指导主持了推拿功法的临床应用研究，为推拿功法的研究和应用开辟了新领域。并建立了全国第一个推拿专业博士点和首个博士后流动站。先后主编普通高等教育"十五""十一五"国家级规划教材《推拿学》，参与《中医大辞典·针灸推拿气功养生分册》《中国医学百科全书推拿学》《中国医学百科全书·中医学》等中医学术工具书的条目编写。

如今严隽陶教授带领其团队仍活跃在教学和科研一线，其厚积薄发的积累和数十年的导引实修，成就其充沛的精力和缜密的思维，其求索精神和学者风骨，堪为我辈楷模。

近百年来，中医学虽历经磨难而不衰，既反映了社会各界广泛而切实的需求，更有赖于一代又一代先辈的执着和努力。古语云：上医治国，中医治人，下医治病。中医药学以天人合一生命整体观为指导，以和而不同思想为基础，蕴含着丰富的哲学智慧和文化精粹，体现了中华民族的认知方式和价值取向，是中华文化伟大复兴的先行者。在一次学术交流活动中，中国社会科学院荣誉学部委员、文化部非物质文化遗产专家委员会副主任刘魁立教授指出：非物质文化遗产传承人不是项目的志愿者，也不仅仅是单纯的文化推广者，而是中华民族文化和

精神的践行者和引领者。吾辈不才，唯望通过传承和普及中医药非物质文化遗产，影响和吸引更多的年轻人参与到这一古老的"朝阳产业"，为人类的健康福祉尽一份力。

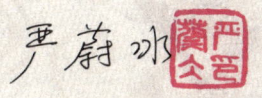

严蔚冰

乙未年夏
书于上海传承导引医学研究所

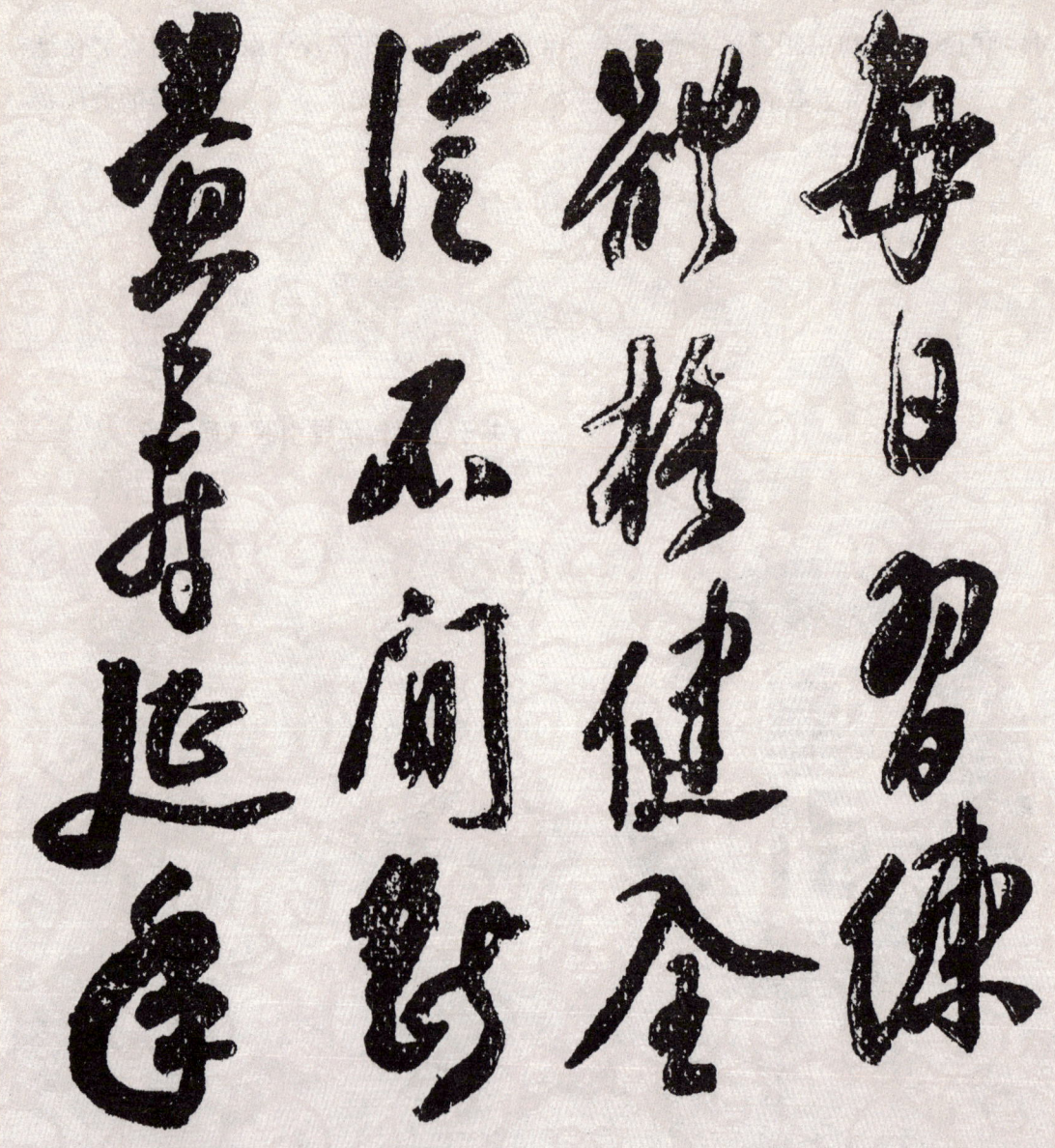

每日习练　神欲抱健全　活不间断　尊寿延年

注：以上文字是先师谢映斋先生在其映斋藏版《易筋经》中手书。映斋先生将习练易筋导引之功效归纳为十六字心得。不言神异，直言养生，开健康科普之先河。今恭录于此，供学人参考琢磨。